**Bibliografische Information der Deutschen Nationalbibliothek:**

Die Deutsche Nationalbibliothek verzeichnet diese Publikation in der Deutschen Nationalbibliografie; detaillierte bibliografische Daten sind im Internet über http://dnb.d-nb.de abrufbar.

**Impressum:**

Copyright © 2017 Studylab

Ein Imprint der GRIN Verlag, Open Publishing GmbH

Druck und Bindung: Books on Demand GmbH, Norderstedt, Germany

Coverbild: GRIN | Freepik.com | Flaticon.com | ei8htz

Nadine Schmidt

# Unternehmensführung. Wie lässt sich die Mitarbeitermotivation durch Anreizsysteme steigern?

Wirkweisen, Möglichkeiten und Grenzen von monetären und nicht-monetären Anreizen

# Inhaltsverzeichnis

Abbildungsverzeichnis .................................................................................. 5

Abkürzungsverzeichnis ................................................................................. 6

1 Einleitung ................................................................................................. 7

    1.1 Problemstellung ................................................................................. 7

    1.2 Zielsetzung ......................................................................................... 8

    1.3 Gang der Arbeit ................................................................................. 8

2 Grundbegriffe der Motivationstheorie ................................................... 9

    2.1 Ziele .................................................................................................... 9

    2.2 Motive ............................................................................................... 10

    2.3 Anreize .............................................................................................. 10

    2.4 Zusammenwirken von Zielen, Motiven und Anreizen .................... 11

3 Motivationstheorien .............................................................................. 15

    3.1 Inhaltstheorien ................................................................................. 15

    3.2 Prozesstheorien ............................................................................... 26

4 Anreizsysteme zur Motivation von Mitarbeitern ................................. 32

    4.1 Monetäre Anreizsysteme ................................................................. 33

    4.2 Nicht-monetäre Anreizsysteme ....................................................... 40

5 Möglichkeiten und Grenzen der Mitarbeitermotivation durch Anreizsysteme ..... 50

    5.1 Monetäre Anreizsysteme ................................................................. 50

    5.2 Nicht - monetäre Anreizsysteme ..................................................... 52

6 Fazit / Ausblick ...................................................................................... 55

7 Literaturverzeichnis .............................................................................. 57

## Abbildungsverzeichnis

Abbildung 1: Schema eines allgemeinen Modells der Motivation     11

Abbildung 2: Motivationstheoretische Ansätze     15

Abbildung 3: Die Maslow'sche Bedürfnispyramide     17

Abbildung 4: Wirkungszusammenhänge gemäß Zielsetzungstheorie     30

Abbildung 5: Instrumente der Mitarbeitermotivation     33

Abbildung 6: Bedeutende Lohnformen im Überblick     35

## Abkürzungsverzeichnis

| | |
|---|---|
| ERG-Theorie | Alderfers Existence, Relatedness, Growth-Theorie |
| VIE-Theorie | Vallenz-Instrumentalitäts-Erwartungs-Theorie |
| DISG | Dominanz, Initiative, Stetigkeit und Gewissenhaftigkeit |

# 1 Einleitung

„Wer den Hafen nicht kennt, in den er segeln will, für den ist kein Wind der richtige".[1]

## 1.1 Problemstellung

Die Motivation von Mitarbeitern ist ein bedeutender Aspekt in der heutigen Unternehmensführung. Damit Führungskräfte ihrer Aufgabenstellung gerecht werden können, Mitarbeiter zu Höchstleistungen anzuspornen, müssen diese herausfinden, auf welchem Weg das Verhalten ihrer Angestellten beeinflusst werden kann.[2]

In früheren Zeiten wurde der Mitarbeitermotivation wenig Beachtung geschenkt. Der Mitarbeiter diente als Werkzeug zur Ausführung eines strukturierten Ablaufplans der Organisationsstruktur. Eine präzise Erfüllung der Aufgaben seines Stellenprofils war die Grundvoraussetzung für einen wirtschaftlich effizienten und funktionierenden Unternehmensaufbau. Folglich wurde Arbeit ausschließlich als Pflicht angesehen, für die der Mitarbeiter, unter Verzicht seiner Freizeit, eine entsprechende monetäre Entlohnung erhielt. Daraus folgte, dass Angestellte Arbeit als Störfaktor ihrer Bedürfnisbefriedigung betrachteten. In heutigen Zeiten suchen Menschen jedoch zunehmend die Befriedigung ihrer Bedürfnisse in der Ausübung ihres Berufes. Die Personalführung hat erkannt, dass dieser Wandel, die Motivation der Beschäftigten sowohl positiv als auch negativ beeinflusst kann. Auch Arbeitgeber erwarten heutzutage mehr von ihren Angestellten, da der sogenannte „Dienst nach Vorschrift" aus früheren Zeiten als minderwertig erbrachte Leistung angesehen wird. Vielmehr wird ein Denken „über den Tellerrand hinaus" vorausgesetzt, um Arbeitsprozesse zu verbessern und die Unternehmensziele voran zu treiben.[3]

Die Problematik der Unternehmensführung besteht nun darin herauszufinden, welche Möglichkeiten gegeben sind, um positiv auf die Mitarbeitermotivation einzuwirken und durch welche Anreizsysteme diese leistungsfördernd beeinflusst werden kann.[4] Da jeder Mitarbeiter unterschiedliche Ziele verfolgt und auch die Unternehmensziele nicht außer Acht gelassen werden dürfen, muss ein

---

[1] *Bürkle, H.*, Aktive Karrierestrategie, 2013, S. 113.
[2] Vgl. *Nerdinger, F.*, Motivation von Mitarbeitern, 2003, S. 1.
[3] Vgl. *Steinmann, H. et al.*, Management, 2013, S. 483 f.
[4] Vgl. *Stock-Homburg, R.*, Personalmanagement, 2013, S. 67.

flexibles Anreizsystem entwickelt werden, damit die Ziele der Mitarbeiter und der Unternehmensführung in Einklang gebracht werden können.[5]

## 1.2 Zielsetzung

Zielsetzung dieser Arbeit ist es, die Steigerung der Mitarbeitermotivation anhand von Anreizsystemen kritisch zu betrachten. Zu diesem Zweck werden die grundlegenden Motivationstheorien gegenübergestellt und der Nutzen für die heutige Personalpolitik veranschaulicht. Ferner sollen die Wirkungsweisen von Anreizsystemen aufgezeigt werden, um deutlich zu machen, wo die Möglichkeiten und Grenzen von monetären und nicht-monetären Anreizen in Bezug auf die Leistungsbereitschaft der Angestellten eines Unternehmens liegen. Aus den gewonnenen Erkenntnissen soll die Frage beantwortet werden, wie ein Anreizsystem gestaltet sein sollte, um Mitarbeiter zu motivieren.

## 1.3 Gang der Arbeit

Der Einstieg der Arbeit beschäftigt sich mit den Grundbegriffen der Motivationswissenschaft und der Funktionsweise von Motivation. Darauf aufbauend wird im dritten Kapitel ein Einblick in die grundlegenden Motivationstheorien gewährt. Dabei wird der Unterschied zwischen Inhalts- und Prozesstheorien aufgezeigt, und wie diese zur Mitarbeitermotivation beitragen können. Das vierte Kapitel widmet sich dem Themengebiet der Anreizsysteme und deren Funktionsweise, unterteilt nach monetären und nicht-monetären Anreizen. Im Fokus des fünften Kapitels stehen die Möglichkeiten und Grenzen der Mitarbeitermotivation durch Anreizsysteme. Dort wird verdeutlicht, welcher Zusammenhang zwischen den verschiedenen Motivationstheorien und den monetären bzw. den nicht-monetären Anreizen besteht. Ein Fazit und ein kurzer Ausblick auf weitere Instrumente zur Steigerung der Mitarbeitermotivation runden diese Arbeit ab.

---

[5] Vgl. *Wickel-Kirsch, S. et al.*, Personalwirtschaft, 2008, S. 176.

## 2 Grundbegriffe der Motivationstheorie

Als Einführung in den Bereich der Motivationspsychologie wird in diesem Abschnitt neben den grundlegenden Begriffen - Ziele, Motive und Anreize - auch deren Zusammenwirken erläutert. Dieses Grundwissen dient dem Zweck, ein besseres Verständnis für die folgenden Kapitel zu vermitteln. Ebenso wird die Thematik der Motivation aufgegriffen und anhand der in der Wissenschaft differenzierten „intrinsischen Motivation" und der „extrinsischen Motivation" nähergebracht.

### 2.1 Ziele

Im allgemeinen Sprachgebrauch wird ein Ziel als ein angestrebter Sollzustand definiert. Um diesen Zustand zu erreichen, wird ein Istzustand so lange überarbeitet, bis dieser mit dem gewünschten Sollzustand übereinstimmt.[6]

In der Motivationspsychologie hingegen wird der Begriff als Basis verwendet, um zu erklären, warum eine Person sich zu einem bestimmten Zeitpunkt für die Aufnahme, Ausführung und Beendigung einer Aktivität entscheidet. Sobald in diesem Zusammenhang ein gewisses Ziel festgelegt wird, nutzt sie die ihr zur Verfügung stehenden Mittel, um das gesetzte Ziel zu erreichen und richtet ihr Verhalten ergebnisorientiert aus. Darüber hinaus dienen Ziele dem Zweck, Handlungsergebnisse zu analysieren und sie als Erfolg oder Misserfolg einzustufen. Derartige Erfahrungen fördern die persönliche Entwicklung eines Menschen und prägen seine Identität.[7]

Der Wunsch, sich ein Ziel zu setzen, wird von den verschiedenen Motiven einer Person angeregt, wie z. B. das Streben nach Macht oder der soziale Anschluss. Aber auch niedere Bedürfnisse, wie Hunger oder Durst, können ausschlaggebend für eine bestimmte Zielsetzung sein.[8]

Eine Definition von Motiven und deren Verwendung in der Psychologie folgt im Kapitel 2.2.

---

[6] Vgl. *Watzka, K.*, Zielvereinbarungen in Unternehmen, 2011, S. 19.
[7] Vgl. *Heckhausen, J. / Heckhausen, H.*, Motivation und Handeln, 2010, S. 285.
[8] Vgl. *Nerdinger, F.*, Motivation von Mitarbeitern, 2003, S. 3.

## 2.2 Motive

Der Begriff „Motiv" entstammt dem lateinischen Wort „motivum" und bedeutet ins Deutsche übersetzt: Beweggrund oder Handlungsantrieb.[9]

In der Psychologie wird das Motiv als Bedürfnis, Wunsch oder Drang bezeichnet. Es forciert das Handeln eines Individuums in eine zielgesteuerte Richtung. Das Motiv ist keine direkt messbare Größe, sondern ein sogenanntes „theoretisches Konstrukt", welches durch Beobachtungen des menschlichen Handelns Rückschlüsse auf die zugrunde liegenden Beweggründe zulässt.[10]

Im Gegensatz zu der allgemeinen psychologischen Betrachtungsweise werden die für das Arbeitsverhalten relevanten Motive in extrinsische und intrinsische Motive unterteilt. Extrinsische Motive sind Motive, deren Befriedigung aus dem Resultat der Arbeit erfolgt, wie z. B. das Gehalt eines Mitarbeiters. Intrinsische Motive dagegen sind Motive, deren Erfüllung infolge einer Tätigkeit an sich zustande kommt. Ein Beispiel dafür ist, das Bedürfnis eine Leistung zu vollbringen zu wollen.[11]

Als Zwischenergebnis kann festgehalten werden, dass Motive den Zweck erfüllen, zielgerichtetes Verhalten anzuregen. Da Menschen von verschiedenen Motiven zum Handeln bewegt werden, bewerten sie ihre Ziele auch auf unterschiedliche Art und Weise. Aufgrund dessen wird das Motiv auch als Bewertungsdisposition bezeichnet.[12]

## 2.3 Anreize

Ein weiterer Aspekt der Motivationspsychologie, der nach der vorherigen Erklärung von Zielen und Motiven anschließt, ist der Anreiz.

Anreize stellen verhaltensbeeinflussende Anregungen dar, die eine Person dazu animieren, ihr Handeln in eine gewünschte Richtung zu lenken. In der Unternehmensführung werden beispielsweise Prämienzahlungen als Anreiz zur Steigerung der Leistungsbereitschaft von Mitarbeitern eingesetzt.[13] Deren Leistungsbereitschaft ist abhängig von der Höhe des ihnen gebotenen Anreizwertes. Der Anreizwert wiederum variiert in Abhängigkeit von den gesetzten Zielen

---

[9] Vgl. *Laufer, H.*, Praxis erfolgreicher Mitarbeitermotivation, 2015, S. 34.
[10] Vgl. *Stahl, H.*, Leistungsmotivation in Organisationen, 2011, S. 5.
[11] Vgl. *Hub, H.*, Unternehmensführung, 1990, S. 34.
[12] Vgl. *Schmalt, H. / Langens, T.*, Motivation, 2009, S. 16.
[13] Vgl. *Nerdinger, F.*, Motivation von Mitarbeitern, 2003, S. 3.

oder Motiven eines Angestellten.[14] Neueste Erkenntnisse zeigen, dass nicht nur reale Anreize motiviertes Verhalten erzeugen können. Auch imaginäre Anreize, die allein in der Vorstellung einer Person entstehen, können eben diese Wirkung erzielen.[15]

## 2.4 Zusammenwirken von Zielen, Motiven und Anreizen

Nachdem einige grundlegende Begriffe der Motivationspsychologie erläutert wurden, schließt nun die Beschreibung, wie durch das Zusammenwirken von Zielen, Motiven und Anreizen die Motivation entstehen kann, an. Veranschaulicht wird der Prozess anhand der Abbildung eines allgemeinen Modells der Motivation.

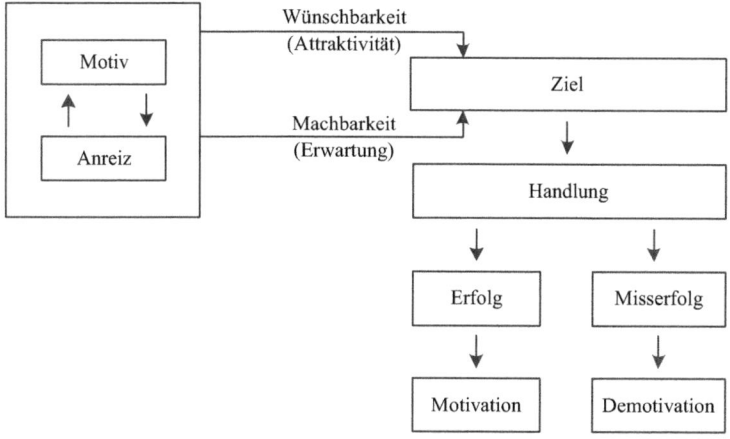

Abbildung 1: Schema eines allgemeinen Modells der Motivation[16]

Zu Beginn eines Motivationsprozesses erfolgt durch die Kombination von Motiv und Anreiz die konkrete Zielsetzung einer Person. Die angestrebten Ziele werden nach Attraktivität bewertet und auf Realisierungschancen überprüft. Dieser Vorgang versetzt einen Menschen in Handlungsbereitschaft. Die Intensität der Handlungsbereitschaft wiederum hängt von der Aussicht auf Erfolg oder Misserfolg ab. Die Motivation zu handeln ist groß, sofern eine Zielerreichung wahr-

---

[14] Vgl. *Niermeyer, R.*, Motivation, 2007, S. 22.
[15] Vgl. *Schmalt, H. / Langens, T.*, Motivation, 2009, S. 22.
[16] Eigene Darstellung in Anlehnung an *Schmalt, H. / Langens, T.*, Motivation, 2009, S. 16.

scheinlich ist. Eine geringe Aussicht auf Erfolg dagegen führt zu demotivierendem Verhalten.[17]

Verdeutlicht wird dies anhand eines Beispiels zweier Schüler, die sich auf einen Mathematiktest vorbereiten. Dabei erhoffen sich die Schüler mittels einer intensiven Vorbereitung auf den Test eine gute Note, jedoch schätzen sie ihre Chance auf Erfolg unterschiedlich hoch ein. Während Schüler A von Natur aus einen begabten Schüler darstellt, der weniger Aufwand in die Vorbereitung investieren muss, ist Schüler B weniger begabt und betrachtet die Erfüllung seiner Aufgabe als zu schwer. Dementsprechend ist die Motivation beider Schüler, sich für die Prüfung vorzubereiten, unterschiedlich stark ausgeprägt.[18]

Daraus kann geschlussfolgert werden, dass Motivation aus einer Kombination von Motiven, Anreizen und der daraus resultierenden Zielsetzung entsteht. In Verbindung mit der Erwartungshaltung einer Person lässt sich bestimmen, ob die Motivation positiv oder negativ verläuft.

### 2.4.1 Motivation

Zum Abschluss des Kapitels folgt an dieser Stelle die Beschreibung des Fachbegriffes der Motivation. Neben der Unterscheidung zwischen der extrinsischen und intrinsischen Motivation wird auch deren Wechselwirkung dargestellt.

Der Begriff „Motivation" wird aus dem lateinischen Verb „movere" (bewegen) abgeleitet und gibt Auskunft über die Beweggründe, die zur Aufnahme einer Handlung führen.[19]

Motivation bedeutet jedoch nicht nur zu analysieren, welche Beweggründe (Motive) eine Person für eine gewisse Vorgehensweise hat, sondern auch die Möglichkeit, Motive und das daraus resultierende Handeln zu beeinflussen, also zu motivieren.[20] Motivation ist keine Charaktereigenschaft eines Menschen. Vielmehr setzt sie sich aus diversen Teilprozessen zusammen, die sich durch den Zustand des Wünschens und Wollens auf das zielgerichtete Verhalten einer Person beziehen.[21]

---

[17] Vgl. *Schmalt, H. / Langens, T.*, Motivation, 2009, S. 15.
[18] Ebd.
[19] Vgl. *Wagner, R. et al.*, Pädagogische Psychologie, 2014, S. 48.
[20] Vgl. *Steinmann, H. et al.*, Management, 2013, S. 483.
[21] Vgl. *Rheinberg, F. / Vollmeyer, R.*, Motivation, 2012, S. 15.

In der Psychologie wird zwischen der „intrinsischen Motivation" und der „extrinsischen Motivation" unterschieden.[22]

### 2.4.2 Extrinsische Motivation

Als extrinsische Motivation wird ein Zustand beschrieben, der eine Person dazu veranlasst, eine Tätigkeit, angetrieben durch einen von außen gesteuerten Anreiz, aufzunehmen.[23]

Dieser Zustand kann auch als Verstärker gesehen werden, der die Person durch äußere Faktoren in ihrem Handeln beeinflusst. Zu den äußeren Faktoren zählen u. a. die Erwartung einer Belohnung, wie z. B. einer guten Note, oder auch die Vermeidung von negativer Kritik oder Strafen. Die extrinsische Motivation kann sowohl durch eine dritte Person als auch durch den eigenen Antrieb erfolgen, sofern der aktivierende Anreiz von außerhalb erfolgt (z. B. sich selber für eine Leistung mit einem Besuch im Kino belohnen).[24]

### 2.4.3 Intrinsische Motivation

Im Gegensatz zur extrinsischen Motivation wird als intrinsische Motivation ein Zustand bezeichnet, der eine Person dazu veranlasst eine Handlung um ihrer selbst willen aufzunehmen.[25] Dies bedeutet, dass der Antrieb zu handeln von „innen" heraus erfolgt und eine Tat ohne Einsatz eines Anreizes ausgeführt wird. Die Handlung an sich wird als angenehm und belohnend wahrgenommen.[26]

Einige Motivationstheorien unterscheiden den Begriff der intrinsischen Motivation darin, welcher Bezugspunkt als „innen" gewertet werden kann. Demnach wird nicht nur das Handeln an sich als intrinsisch betrachtet, sondern auch das Ergebnis aus dieser Tätigkeit heraus. Bei dieser Betrachtungsweise kann der Eindruck entstehen, dass das Ergebnis der Handlung einem äußeren Anreiz gleichkommt und somit als extrinsisch motiviert eingestuft wird. Für ein besseres Verständnis definieren daher die neueren psychologischen Ansätze die intrinsische Motivation überwiegend dahin gehend, ob der Antrieb von innen heraus erfolgt.[27]

---

[22] Vgl. *Wagner, R. et al.*, Pädagogische Psychologie, 2014, S. 51.
[23] Vgl. *Kirchler, E. / Rodler, C.*, Motivation in Organisationen, 2001, S. 12.
[24] Vgl. *Rudolph, U.*, Motivationspsychologie, 2013, S. 153.
[25] Vgl. *Kirchler, E. / Rodler, C.*, Motivation in Organisationen, 2001, S. 12.
[26] Vgl. *Rudolph, U.*, Motivationspsychologie, 2013, S. 153.
[27] Vgl. *Rheinberg, F. / Vollmeyer, R.*, Motivation, 2012, S. 153.

## 2.4.4 Wechselwirkungen der extrinsischen und intrinsischen Motivation

Die extrinsische Motivation schließt die intrinsische Motivation nicht zwangsläufig aus. Vielmehr besteht eine wechselseitige Wirkung, wenn die Motive einer Person beidseitig angeregt worden sind. Allerdings kann eine ursprünglich intrinsische Motivation durch einen stärkeren äußeren Anreiz in extrinsische Motivation übergehen.[28]

Als Beispiel dient das Lernverhalten eines Grundschulkindes. Zu Beginn lernt das Kind das Lesen und Schreiben aus Freude über die gemachten Fortschritte (intrinsische Motivation). Später belohnen es die Eltern jedoch für jede gute Leistung z. B. mit Geld, was die Freude am Schreiben selbst in den Hintergrund drängt. Dieser äußere Anreiz kann den Übergang zur extrinsischen Motivation bewirken, weil das Kind überwiegend in Erwartung einer Belohnung gute Leistung erbringt und nicht mehr aus Freude an der Sache selbst.[29]

Abschließend kann in diesem Kapitel festgehalten werden, dass es von Bedeutung ist, die Ziele und die zugrunde liegenden Beweggründe einer Person zu kennen. Ohne diese Erkenntnisse ist es schwer nachzuvollziehen, warum ein Mensch sich für eine bestimmte Handlungsweise entschieden hat. Sind die Beweggründe einer Person für eine gewisse Zielsetzung allerdings bekannt, kann dieses Wissen genutzt werden, um die Motivation zu fördern.

---

[28] Vgl. *Rudolph, U.*, Motivationspsychologie, 2013, S. 153 f.
[29] Vgl. *Wagner, R. et al.*, Pädagogische Psychologie, 2014, S. 51.

# tivationstheorien

m späteren Verlauf der Arbeit die Fragestellung zu beantworten, wie zsysteme zur Mitarbeitermotivation beitragen können, wird in diesem Abtt ein Einblick in die wichtigsten Motivationstheorien gegeben. Nachdem der Literatur am häufigsten verwendeten Inhaltstheorien dargestellt wurden, folgt eine Beschreibung der zwei bekanntesten Prozesstheorien. Darüber hinaus wird aufgezeigt, wie die verschiedenen theoretischen Ansätze auf die Personalpolitik übertragen werden können.

Im Laufe der Zeit wurden diverse Theorien in der Motivationsforschung entwickelt, welche sich in Ausrichtung und Schwerpunkt unterscheiden. Trotz unterschiedlicher Sichtweisen versuchen Motivationstheorien, Aufschluss über die Wirksamkeit von Motiven auf das menschliche Verhalten zu geben.[30] Damit die Unternehmensführung in der Lage ist ihre Mitarbeiter entsprechend zu motivieren, ist es für sie von Bedeutung zu wissen, wie Motivationsprozesse verlaufen. Dieses Wissen können sie aus den Erkenntnissen verschiedener Motivationstheorien gewinnen. Die wissenschaftliche Literatur unterscheidet zwischen Inhalts- und Prozesstheorien. Die Abbildung der motivationstheoretischen Ansätze veranschaulicht den Aufbau dieses Kapitels:[31]

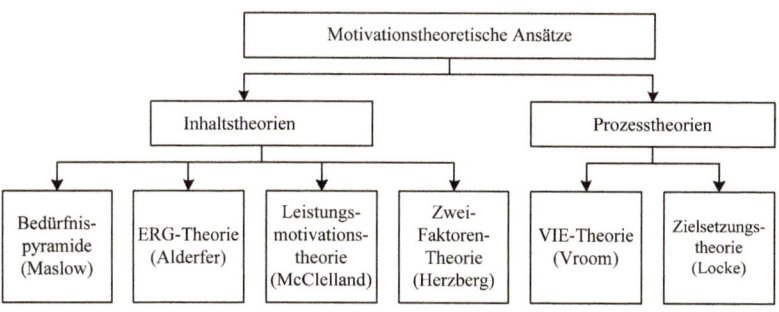

Abbildung 2: Motivationstheoretische Ansätze[32]

## 3.1 Inhaltstheorien

Bevor im zweiten Abschnitt des Kapitels näher auf die Prozesstheorien eingegangen wird, erfolgt vorab eine allgemeine Beschreibung der Inhaltstheorien. Im

---

[30] Vgl. *Steinmann, H. et al.*, Management, 2013, S. 484.
[31] Vgl. *Stock-Homburg, R.*, Personalmanagement, 2013, S. 67.
[32] Eigene Darstellung in Anlehnung an *Stock-Homburg, R.*, Personalmanagement, 2013, S. 68.

Anschluss werden die vier bekanntesten Theorien dieser Kategorie vorgestellt und deren Bedeutung für das Personalmanagement erläutert.

Inhaltstheorien erklären, welche Faktoren eine Person zu motiviertem Handeln bewegen. Im Zusammenhang der Unternehmensführung liefern sie Erkenntnisse darüber, was einen Mitarbeiter leitet und antreibt. Basierend auf diesen Forschungen kann die Führungsebene gezielt Anreize einsetzen, um das Verhalten ihrer Angestellten gewinnbringend zum Wohle des Unternehmens zu beeinflussen. Die in dieser Arbeit vorgestellten Inhaltstheorien sind:[33]

- Bedürfnispyramide von Maslow
- ERG-Theorie von Alderfer
- Leistungsmotivationstheorie von McClelland
- Zwei-Faktoren-Theorie von Herzberg

### 3.1.1 Bedürfnispyramide von Maslow

Die Bedürfnispyramide, auch Bedürfnishierarchie genannt, wurde von dem amerikanischen Psychologen Abraham Maslow entwickelt. Sie basiert auf der Annahme, dass Menschen durch Bedürfnisse, vergleichbar mit den Instinkten eines Tieres, motivierbar sind. Nach Maslow werden diese Ansprüche in eine Rangordnung gebracht, wobei die Bedürfnisse der untersten Ebene zuerst befriedigt werden müssen, ehe die der nächsten Stufe verhaltenswirksam werden können.[34]

Maslow kategorisiert fünf Klassen von Bedürfnissen, welche er wiederum in Defizitbedürfnisse und Wachstumsbedürfnisse unterteilt. Defizitbedürfnisse sind solche Bedürfnisse die ein Mensch zu befriedigen versucht, sobald ein Mangel daran auftritt. Daher werden sie auch Mangelbedürfnisse genannt. Wachstumsbedürfnisse dagegen sind jene, deren Befriedigung in der Selbstverwirklichung und der Anerkennung gesucht wird. Die beigefügte Abbildung veranschaulicht die Grundidee der Theorie von Maslow.[35]

---

[33] Vgl. *Stock-Homburg, R.*, Personalmanagement, 2013, S. 68.
[34] Vgl. *Wagner, R. et al.*, Pädagogische Psychologie, 2014, S. 49.
[35] Vgl. *Niermeyer, R.*, Motivation, 2007, S. 29 f.

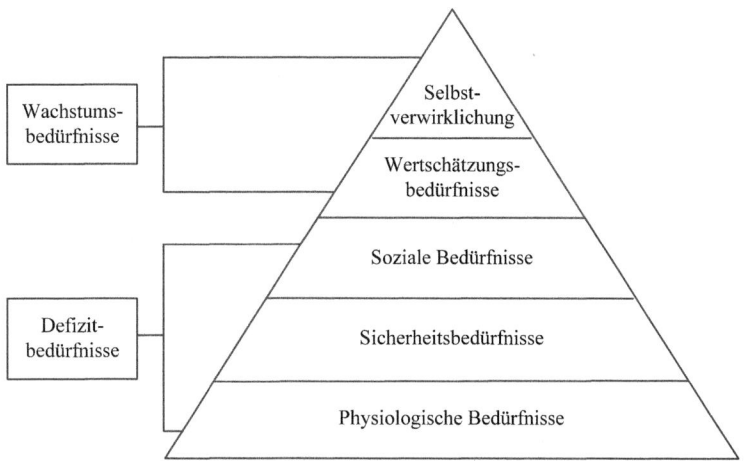

Abbildung 3: Die Maslow'sche Bedürfnispyramide[36]

Die fünf Kategorien lassen sich wie folgt beschreiben:[37]

1. Physiologische Bedürfnisse: Zu den physiologischen Bedürfnissen zählt die Notwendigkeit nach Nahrung, Wärme oder die Aufrechterhaltung der Gesundheit. Dieser Grundsicherung wird ein hoher Stellenwert beigemessen, da sie die Lebensgrundlage eines jeden Menschen bilden.
2. Sicherheitsbedürfnisse: Alle Begebenheiten, welche die physiologischen Bedürfnisse gefährden können, zählen zu den Sicherheitsbedürfnissen. Die Bedürfnisse dieser Stufe sind daher darauf ausgerichtet, Vorkehrungen gegen mögliche Gefahren zu treffen. Während früher Vorräte angelegt wurden, um das Überleben zu sichern, dienen heutzutage beispielsweise Spareinlagen, Versicherungen oder der Erwerb von Immobilien dem Zweck der Grundsicherung.
3. Soziale Bedürfnisse: Sind die Grundbedürfnisse eines Menschen abgesichert, erlangt der Wunsch nach sozialen Kontakten eine übergeordnete Rolle. Folglich ergeben sich aus dem Verlangen nach Zuwendung, Zugehörigkeit, Anerkennung und Liebe durch andere Menschen die sozialen Bedürfnisse.
4. Wertschätzungsbedürfnisse: Im Anschluss an die Erfüllung der sozialen Bedürfnisse folgt das Verlangen nach Wertschätzung und der Selbstach-

---

[36] Eigene Darstellung in Anlehnung an *Steinmann, H. et al.*, Management, 2013, S. 505.
[37] Vgl. *Laufer, H.*, Praxis erfolgreicher Mitarbeitermotivation, 2015, S. 41 f.

tung. Die daher genannten Wertschätzungsbedürfnisse umfassen den Anspruch auf Anerkennung und Achtung sowohl von anderen Personen als auch durch sich selbst.
5. Selbstverwirklichungsbedürfnisse: Wurden die Bedürfnisse der unteren vier Ebenen befriedigt, kommt der Wille nach Selbstverwirklichung zum Tragen. Diese äußert sich unter anderem in dem Bestreben nach Unabhängigkeit und der freien Entfaltung der eigenen Persönlichkeit.

Kritisch ist gegen die Bedürfnispyramide von Maslow einzuwenden, dass seine Bedürfnisgruppen einen zu großen Interpretationsspielraum offen lassen. Aufgrund dessen gelange es Maslow nicht seine Studien empirisch nachzuweisen.[38] Darüber hinaus sind die Übergänge von einer Hierarchiestufe zur nächsten nicht stringent abgrenzbar. Das heißt, dass nicht zwingend ein Bedürfnis vollends befriedigt sein muss, ehe die nächste Stufe verhaltenswirksam werden kann. Vielmehr kann ein Mensch danach streben, mehrere Bedürfnisse zeitgleich erfüllen zu wollen.[39]

Wie die folgende Auflistung der fünf Stufen verdeutlicht, lassen sich trotz ihrer Kritikpunkte einige Aspekte für die Personalführung aus der Bedürfnispyramide ableiten.[40]

1. Physiologische Bedürfnisse: Das Gehalt eines Mitarbeiters trägt dazu bei, dass seine Grundbedürfnisse abgedeckt sind. Darüber hinaus gewährleisten ausreichend Pausen den Schutz vor Überarbeitung und folglich auch den Schutz der Gesundheit.
2. Sicherheitsbedürfnisse: Dem Mitarbeiter kann aufgezeigt werden, dass z. B. durch spezielle Mitarbeiterbeteiligungen ein Vermögensaufbau möglich ist, welcher ein Gefühl der Sicherheit bietet. Ebenso kann anhand von geringen Fluktuationsraten eine relative Arbeitsplatzsicherheit geboten werden.
3. Soziale Bedürfnisse: Mittels einer vertrauensvollen Unternehmenskultur und einem guten Betriebsklima kann den Mitarbeitern die Befriedigung der sozialen Bedürfnisse geboten werden. Ferner stärkt eine gute Teambildung das Zugehörigkeitsgefühl innerhalb einer Gruppe.

---

[38] Vgl. *Heckhausen, J. / Heckhausen, H.*, Motivation und Handeln, 2010, S. 59.
[39] Vgl. *Stahl, H.*, Leistungsmotivation in Organisationen, 2011, S. 9.
[40] Vgl. *Stock-Homburg, R.*, Personalmanagement, 2013, S. 70.

4. Wertschätzungsbedürfnisse: Sowohl durch persönliche Mitarbeitergespräche, indem der Mitarbeiter für gute Leistung gelobt wird, als auch durch einen leistungsorientierten Bonus, beispielsweise in Form eines zusätzlichen Gehalts, kann die Wertschätzung für die Angestellten zum Ausdruck gebracht werden.
5. Selbstverwirklichungsbedürfnisse: Durch das Einbringen eigener Ideen sowie einer vielfältigen Personalentwicklung wird den Mitarbeitern das Bestreben nach Selbstverwirklichung ermöglicht.

Aus der Untersuchungen von Maslow können wertvolle Aspekte zur Gestaltung von Anreizsystemen abgeleitet werden. Mitarbeiter versuchen ihre Bedürfnisse an ihrem Arbeitsplatz zu befriedigen. Dabei ist es irrelevant, ob diese Bedürfnisse in einer Hierarchie stehen, oder parallel zueinander verhaltenswirksam werden können. Entscheidend ist, die Bedürfnisse seiner Angestellten zu ermitteln und somit ein Anreizmittel zu wählen, welches die Mitarbeitermotivation anregen kann.

### 3.1.2 ERG-Theorie von Alderfer

Clayton Alderfers Existence, Relatedness, Growth-Theorie, kurz ERG-Theorie genannt, setzt an der Bedürfnispyramide von Maslow an. Um seine Theorie empirisch nachweisen zu können, beschränkt Alderfer sich auf die folgenden drei Bedürfnisgruppen:[41]

- Existence - Physiologische Bedürfnisse
- Relatedness - Soziale Bedürfnisse
- Growth - Wachstumsbedürfnisse

Im Gegensatz zu Maslow behauptet Alderfer, dass die Befriedigung von mehreren Bedürfnissen zeitgleich angestrebt werden kann. Folglich gibt es seiner Auffassung nach keine strenge hierarchische Abstufung der Bedürfnisgruppen, sondern eine wechselseitige Wirkung zwischen den einzelnen Gruppierungen.[42] Basierend auf dieser Annahme, stellt Alderfer die folgenden vier Dominanzprinzipien auf, die seiner Meinung nach die Motivation einer Person leiten:[43]

---

[41] Vgl. *Wagner, D. / Grawert, A.*, Sozialleistungsmanagement, 1993, S. 31.
[42] Vgl. *Stahl, H.*, Leistungsmotivation in Organisationen, 2011, S. 10.
[43] Vgl. *Stock-Homburg, R.*, Personalmanagement, 2013, S. 71.

1. Frustrations-Hypothese: Ein Bedürfnis, welches bisher nicht befriedigt werden konnte, wird dominant.
2. Frustrations-Regressions-Hypothese: Kann ein bestehendes Bedürfnis nicht befriedigt werden, wird in diesem Fall das Bedürfnis dominant, welches für eine Person in der Hierarchie als nächstes folgt.
3. Befriedigungs-Progressions-Hypothese: Wird ein unbefriedigtes Bedürfnis erfüllt wird infolgedessen das in einer Rangordnung nächst höhere Bedürfnis verhaltenswirksam.
4. Frustrations-Progressions-Hypothese: Die Frustration, die aufgrund eines unbefriedigten Bedürfnisses entsteht, trägt zur persönlichen Entwicklung eines Menschen bei. Dies ist auf die Annahme zurückzuführen, dass das Anspruchsniveau einer Person durch seine Enttäuschung steigt und das für ihn anspruchsvollere Bedürfnis aktiv wird.

Aufgrund dieser Hypothesen stellt Alderfer eine Beziehung zwischen der Befriedigung von Bedürfnissen und deren Aktivierung her. Zu Beginn seiner Forschungen leitet Alderfer sieben Grundaussagen aus seinen Thesen ab. Infolge späterer empirischer Untersuchungen überarbeitet er seine ursprünglichen Erkenntnisse und stellt lediglich die folgenden fünf Hauptaussagen auf:[44]

1. Die Dominanz eines physischen Bedürfnisses wird größer, je weniger diese Grundbedürfnisse erfüllt werden.
2. Sind sowohl die Grundbedürfnisse als auch die sozialen Bedürfnisse unerfüllt, gewinnen die Grundbedürfnisse vor den sozialen Bedürfnissen an Dominanz.
3. Eine Verstärkung der sozialen Bedürfnisse kann sowohl durch Frustration als auch Befriedigung erfolgen.
4. Ist das Verhältnis der Befriedigung zwischen den sozialen Bedürfnissen und den Wachstumsbedürfnissen ausgeglichen, wird das Wachstumsbedürfnis dominant. Dies gilt aber nur dann, wenn der Befriedigungsgrad der sozialen Bedürfnisse ein gewisses Niveau erreicht hat.
5. Die Wachstumsbedürfnisse werden sowohl durch Frustration als auch durch Erfolg verstärkt.

Die Untersuchungen von Alderfer verdeutlichen, dass Menschen auf unterschiedliche Art und Weise reagieren, wenn ihre Bedürfnisse befriedigt werden

---

[44] Vgl. *Hub, H.*, Unternehmensführung, 1990, S. 52.

oder unerfüllt bleiben. Auch wenn die ERG-Theorie empirisch nachgewiesen werden konnte, erlangte Alderfer weniger Anerkennung in der Wissenschaft als sein Mitstreiter Maslow mit seiner Bedürfnispyramide.[45]

Aus den Untersuchungsergebnissen der ERG-Theorie können interessante Aspekte für die Motivation von Mitarbeitern abgeleitet werden. Beispielsweise kann ein Arbeitnehmer, der sein Bedürfnis nach Anerkennung nicht befriedigt sieht, unterschiedlich auf diese Tatsache reagieren. Zum einen besteht die Möglichkeit, dass er sich mehr anstrengt, um die gewünschte Anerkennung zu erreichen. Zum anderen ist wahrscheinlich, dass der Mitarbeiter sich auf die Befriedigung eines niedrigeren Bedürfnisses, wie materielle Sicherheit durch eine Gehaltserhöhung oder eine Bonuszahlung, konzentriert. Auch Frustration aus der fehlenden Erfüllung von Wachstumsbedürfnissen, kann den Mitarbeiter dazu verleiten, seine Motivation auf die Grundbedürfnisse, wie ein höheres Gehalt, zu verstärken.[46]

Alderfers Theorie bietet ähnliche Ansatzpunkte zur Gestaltung von Anreizsystemen wie die Theorie von Maslow. Auch er verdeutlicht die Bedeutsamkeit der Bedürfnisbefriedigung und deren Auswirkung auf die Motivation eines Menschen anhand seiner Festlegung der drei Bedürfnisgruppen.

Darüber hinaus liefert Alderfer zusätzlich entscheidende Erkenntnisse, die aus Maslows Forschungen nicht hervorgehen. Durch das Aufstellen seiner vier Hypothesen zeigt Alderfer auf, dass Menschen auf unterschiedliche Art und Weise auf die Befriedigung oder Nichtbefriedigung ihrer Bedürfnisse reagieren können. Neben den Bedürfnissen der Mitarbeiter sollten diese unterschiedlichen Möglichkeiten zu reagieren, bei der Gestaltung von Anreizsystemen nicht unberücksichtigt bleiben.

### 3.1.3 Leistungsmotivationstheorie von McClelland

Nachdem die Theorien von Maslow und Alderfer erläutert wurden, deren Untersuchungen auf der Bedürfnisbefriedigung einer Person beruhen, folgt nun die Darstellung der Leistungsmotivationstheorie von McClelland.

Die Leistungsmotivationstheorie wurde von dem amerikanischen Psychologen David C. McClelland aufgestellt und knüpft an der Persönlichkeitstheorie von Henry Murray an.[47] McClelland stellt die Hypothese auf, dass ein Teil, der die

---

[45] Vgl. *Stock-Homburg, R.*, Personalmanagement, 2013, S. 72.
[46] Vgl. *Wagner, D. / Grawert, A.*, Sozialleistungsmanagement, 1993, S. 31 f.
[47] Vgl. *Stock-Homburg, R.*, Personalmanagement, 2013, S. 72.

Persönlichkeit eines Menschen ausmacht, auf die menschlichen Motive zurückzuführen ist. Er behauptet, dass die Summe aus allen Motiven eines Menschen eine sogenannte Motivstruktur bildet, die von Person zu Person variieren kann. Dabei unterteilt er Motive in zwei Gruppen, den biogenen Motiven und den soziogenen Motiven. Biogene Motive sind den angeborenen Grundbedürfnissen wie z. B. Hunger oder Durst gleichzusetzen Soziogene Bedürfnisse dagegen entsprechen der Bedeutung von psychologischen Bedürfnissen. Ihre Ausprägung ist von der Erziehung und der persönlichen Entwicklung eines Individuums abhängig.[48]

McClelland geht bei seinen Untersuchungen ausschließlich auf die soziogenen Motive ein, die er in die drei Klassen Machtmotive, Leistungsmotive und Beziehungsmotive unterteilt.[49]

**Machtmotive**

Das Machtmotiv wird einer Personengruppe mit einer stark ausgeprägten Persönlichkeit sowie der Neigung andere Menschen zu beeinflussen oder zu kontrollieren, zugeordnet. McClelland unterteilt die Machtmotive in das persönlichkeitsbezogene Machtmotiv und das institutionelle Machtmotiv. Personen, die von dem persönlichkeitsbezogenen Motiv geleitet werden, haben das Bedürfnis andere Menschen zu steuern und verfolgen überwiegend eigene Ziele. Im Gegensatz dazu haben Personen mit einem signifikanten institutionellen Machtmotiv das Bedürfnis den Charakter einer anderen Person zu stärken. Sie gelten als besonders loyal und verfügen über eine große Selbstdisziplin.[50]

**Leistungsmotiv**

Leistungsmotivierte Menschen sind bereit Risiken einzugehen und bevorzugen Tätigkeiten, die ihre Kreativität und persönliche Initiative fordern. Sie arbeiten konzentriert, benötigen Entscheidungsfreiheit und Eigenverantwortung in Bezug auf den ihnen zugewiesenen Aufgabenbereich. Eine laufende Beurteilung ihrer Arbeitsergebnisse durch beispielsweise den Vorgesetzten ist entscheidend für ein konstantes Leistungsniveau.[51]

---

[48] Vgl. *Stahl, H.*, Leistungsmotivation in Organisationen, 2011, S. 14.
[49] Vgl. *Staehle, W.*, Management, 1999, S. 227.
[50] Vgl. *Stock-Homburg, R.*, Personalmanagement, 2013, S. 72 f.
[51] Vgl. *Staehle, W.*, Management, 1999, S. 228.

**Beziehungsmotiv**

Das Beziehungsmotiv zeichnet den Personenkreis aus, der das Bedürfnis hat zwischenmenschliche Beziehungen zu pflegen und ein soziales Netzwerk aufzubauen. Menschen dieser Personengruppen erweisen sich oft als aufopferungsvoll und harmoniebedürftig. Ebenso wie das Machtmotiv unterteilt McClelland diese Klasse in zwei Gruppen. In das sicherheitsbezogene und das informationsbezogene Beziehungsmotiv. Charakteristisch für Menschen, die von dem sicherheitsbezogenen Motiv geleitet werden, ist das Bedürfnis enge Beziehungen zu anderen Menschen zu suchen und diese aufrecht zu erhalten. Anhand dieser zwischenmenschlichen Beziehungen versuchen sie ihre eigenen Unsicherheiten auszugleichen. Das informationsbezogene Beziehungsmotiv dagegen äußert sich für eine Person in der Erfüllung organisatorischer Aufgaben, welche die harmonische Beziehung zu anderen Menschen aufrechterhalten.[52]

Die Theorie von McCleand liefert eine aufschlussreiche Verwendung für das Personalmanagement, insbesondere die Erklärung für den Erfolg von Führungskräften. Die „ideale" Führungskraft verfügt demnach über ein ausgeprägtes institutionelles Machtmotiv und informationsbezogenes Beziehungsmotiv. Das Machtmotiv bringt die Fähigkeit mit, seinen Mitarbeitern Selbstvertrauen zu vermitteln und durch das Zurückstellen der eigenen Interessen die Ziele des Unternehmens zu verfolgen. Das Beziehungsmotiv unterstützt die Führungskraft durch ihr Organisationstalent das richtige Einsatzgebiet für seine Angestellten zu ermitteln, um einen reibungslosen Arbeitsablauf zu gewährleisten.[53]

Mit seiner Leistungsmotivationstheorie setzt McClelland auf einer anderen Ebene der Motivationspsychologie an, als seine Kollegen Maslow und Alderfer. Aus McClellands Theorie kann geschlussfolgert werden, dass die Motive einer Person und deren Zielbildung auf die individuelle Persönlichkeit zurückzuführen ist. Folglich ist der Charakter ausschlaggebend dafür, welcher Motivklasse eine Person zuzuordnen ist.

Daraus lässt sich die Schlussfolgerung ziehen, dass bei der Suche nach einem geeigneten Anreizmittel zur Leistungssteigerung nicht nur die Bedürfnisse eines Mitarbeiters von Bedeutung sind, sondern auch ihre individuelle Persönlichkeit berücksichtigt werden sollte. Insbesondere bei der Besetzung von Führungsposi-

---

[52] Vgl. *Stock-Homburg, R.*, Personalmanagement, 2013, S. 74 f.
[53] Vgl. *Stock-Homburg, R.*, Personalmanagement, 2013, S. 74 f.

tionen kann dieses Wissen genutzt werden, um den geeigneten Kandidaten zu finden.

### 3.1.4 Zwei-Faktoren-Theorie von Herzberg

Zum Abschluss des Kapitels 3.1.1 folgt nun die Zwei-Faktoren-Theorie von Herzberg. Im Gegensatz zu den bisher erläuterten Theorien, die sich mit der Motivation von Menschen im allgemeinen beschäftigen, gehen Herzbergs Ansätze konkret auf die Möglichkeiten der Mitarbeitermotivation ein. Seine Forschungsergebnisse liefern die Faktoren, die bei der Gestaltung von Anreizsystemen bedeutend sind.

Die Zwei-Faktoren-Theorie wurde von dem amerikanischen Arbeitswissenschaftler Frederick Herzberg aufgestellt. Neben Maslows Bedürfnispyramide ist die Zwei-Faktoren-Theorie eines der bekanntesten Motivationsmodelle, welches im Personalmanagement angewendet wird.[54] Zusammen mit seinen Kollegen führte Herzberg im Jahre 1959 anhand einer Reihe von Interviews mit Mitarbeitern eines amerikanischen Unternehmens eine Mitarbeiterbefragung durch. Mithilfe dieser Befragung gelang es Herzberg, die Gründe für Zufriedenheit bzw. Unzufriedenheit am Arbeitsplatz zu ermitteln. Daraus leitete er ab, dass zwei Faktoren entscheidend zur Mitarbeiterzufriedenheit beitragen. Diese definiert er als Hygienefaktoren und Motivatoren.[55]

Die Hygienefaktoren sind Faktoren, die nicht mit der Ausführung einer Tätigkeit in Zusammenhang stehen. Sie dienen dem Zweck, die Rahmenbedingungen einer Beschäftigung so zu gestalten, dass keine Unzufriedenheit entsteht wie beispielsweise im Arbeitsumfeld. Ihre Bezeichnung leitet sich aus dem medizinischen Bereich ab. Ähnlich wie bei der Hygiene, die einen Menschen nicht vor Krankheiten heilt, sondern vor gesundheitlichen Schäden schützt, können die Hygienefaktoren Unzufriedenheit verhindern, doch kann durch sie allein noch keine Zufriedenheit entstehen. Herzberg führt folgende Hygienefaktoren auf:[56]

- sicherer Arbeitsplatz
- angemessenes Gehalt
- angenehme Arbeitsatmosphäre
- adäquate Sozialleistungen

---

[54] Vgl. *Steinmann, H. et al.*, Management, 2013, S. 509 f.
[55] Vgl. *Stock-Homburg, R.*, Personalmanagement, 2013, S. 75 f.
[56] Vgl. *Hub, H.*, Unternehmensführung, 1990, S. 53.

- gute Zusammenarbeit mit Kollegen und der Führungsebene
- wirkungsvolle Firmenphilosophie

Motivatoren dagegen sind Faktoren, die im Zusammenhang mit einer Beschäftigung an sich stehen. Herzberg setzt voraus, dass das Bedürfnis eines Menschen nach Selbstverwirklichung in seiner Arbeit befriedigt werden kann. Folglich können Motivatoren zu einer positiven Arbeitseinstellung führen und Zufriedenheit gewährleisten.[57] Zu den bedeutendsten Motivatoren zählen u. a.:[58]

- vielfältiges Aufgabengebiet
- selbstständiges Arbeiten
- eigenverantwortlicher Aufgaben
- Entscheidungsfreiheit übertragener Aufgaben
- flexible Karrieremodelle und Aufstiegsmöglichkeiten
- Anerkennung durch den Vorgesetzten und den Kollegenkreis

Herzberg gelangte durch seine Studien zu der Erkenntnis, dass das Erfüllen von einzelnen Bedürfnissen nicht zu einer konstanten Leistungssteigerung der Mitarbeiter führen kann. Die Lebenssituation, die Erfahrung und auch die gesellschaftliche Stellung eines Einzelnen muss betrachtet werden, um die richtigen Mittel zur Leistungssteigerung zu erzielen. Dies bedeutet zum einen, dass ein Motivator wie z. B. ein vielfältiges Aufgabengebiet für den einen Mitarbeiter zu einem Hygienefaktor werden kann, wenn der Mitarbeiter bereits an ein solches gewöhnt ist. Zum anderen kann ein Hygienefaktor, wie z. B. ein gutes Gehalt für einen anderen Mitarbeiter zu einem Motivator werden, wenn dieser längere Zeit auf eine gute Verdienstmöglichkeit verzichten musste.[59]

Kritik erfuhr Herzbergs Theorie durch den Einwand, dass die Meinung der befragten Mitarbeiter nicht objektiv sei. Begründet wird dies mit der Tatsache, dass Menschen dazu neigen, positive Ereignisse ihrer eigenen Leistung zuzuschreiben. Für die negativen Erlebnisse dagegen werden aufgrund des sogenannten Ich-Abwehr-Mechanismus andere Personen oder Umstände verantwortlich gemacht. Darüber hinaus wird kritisiert, dass exakt die gleiche Befragungsmethode

---

[57] Ebd.
[58] Vgl. *Laufer, H.*, Praxis erfolgreicher Mitarbeitermotivation, 2015, S. 45.
[59] Vgl. *Stahl, H.*, Leistungsmotivation in Organisationen, 2011, S12.

wie die von Herzberg angewendet werden muss, um seine Theorie auf andere Unternehmen übertragen zu können.[60]

Ungeachtet aller Kritikpunkte hat die Theorie von Herzberg eine große Bedeutung in der Personalpolitik gewonnen, da sie eine klare und verständliche Struktur aufweist. Ferner liefern die Untersuchungen Herzbergs bereits konkrete Rückschlüsse auf eine leistungssteigernde Arbeitsplatzgestaltung. Insbesondere die Motivatoren finden sich in einer Vielzahl von Anreizsystemen zur Motivationssteigerung von Mitarbeitern wieder.[61]

Abschließend kann zu den Inhaltstheorien festgehalten werden, dass sie Aufschluss darüber geben, welches Motiv die Ursache für ein bestimmtes Verhalten einer Person ist. Dennoch können sie nicht erklären, wie die Handlungsweisen, beziehungsweise die zugrunde liegende Motivation eines Menschen entstehen. Mit dieser Thematik beschäftigen sich die Prozesstheorien.[62]

### 3.2 Prozesstheorien

Wie bereits eingangs erläutert, erklären Inhaltstheorien, welche Motive und Anreize eine Person dazu bewegen, eine Handlung aufzunehmen.[63] Im Gegensatz dazu beschreiben Prozesstheorien, wie menschliches Verhalten entsteht, gelenkt, aufrechterhalten oder unterbunden werden kann.[64] Sie dienen als Indikator dafür, wie Motivationsprozesse im Arbeitsalltag verlaufen und erfolgreich in die Personalmanagementstruktur eingebunden werden können.[65] Aufgrund ihrer Komplexität finden nicht alle Prozesstheorien Anwendung in der Unternehmensführung.[66] Daher werden in dieser Arbeit zwei der bekanntesten Prozesstheorien, welche Einfluss auf die Gestaltung von Bonussystemen finden aufgeführt:[67]

- VIE - Theorie von Vroom
- Zielsetzungstheorie von Locke

---

[60] Vgl. *Steinmann, H. et al.*, Management, 2013, S. 511.
[61] Vgl. *Hub, H.*, Unternehmensführung, 1990, S. 55.
[62] Vgl. *Staehle, W.*, Management, 1999, S. 230 f.
[63] Vgl. *Nerdinger, F. et al*, Arbeits- und Organisationspsychologie, 2014, S. 431.
[64] Vgl. *Wagner, D. / Grawert, A.*, Sozialleistungsmanagement, 1993, S. 29.
[65] Vgl. *Stock-Homburg, R.*, Personalmanagement, 2013, S. 68.
[66] Vgl. *Staehle, W.*, Management, 1999, S. 231.
[67] Vgl. *Stock-Homburg, R.*, Personalmanagement, 2013, S. 68.

### 3.2.1 VIE-Theorie von Vroom

Die Valenz-Instrumentalitäts-Erwartungs-Theorie, kurz VIE-Theorie genannt, wurde 1964 von dem Psychologen Victor H. Vroom entwickelt. Vroom orientierte sich bei der Ausarbeitung seiner Theorie an der Weg-Ziel-Theorie von Georgiopoulos, Mahoney und Jones. Beide Theorien beruhen auf der Annahme, dass Menschen darum bemüht sind ihren subjektiven Nutzen zu steigern.[68]

Vroom leitet daraus ab, dass die Beweggründe eines Menschen zu handeln, von den gegebenen Umständen und den daraus resultierenden Möglichkeiten abhängig sind.[69] Das Bestreben seine gesetzten Ziele zu erreichen, versetzt eine Person in Leistungsbereitschaft. Vroom unterscheidet dabei zwischen den Ergebnissen der ersten Ordnung (Handlungsergebnis), die durch einen Anreiz direkt aus der Handlung einer Person entstehen, wie z. B. eine Gehaltserhöhung, und dem Ergebnis der zweiten Ordnung. Ergebnisse der zweiten Ordnung werden auch Handlungserfolg genannt, da sie eine Nebenerscheinung aus den Ergebnissen der ersten Ordnung sind. Dies bedeutet, dass durch die Ergebnisse der ersten Ordnung die Bedürfnisse aus anderen Lebensbereichen indirekt mit erfüllt werden. Beispielsweise könnte die Gehaltserhöhung eines Mitarbeiters ein Ergebnis der ersten Ordnung darstellen. Ein neues Auto, das mit dem höheren Gehalt gekauft werden kann, wäre infolgedessen ein Ergebnis der zweiten Ordnung.[70]

Der Grad der Leistungsbereitschaft ergibt sich aus dem Produkt der Komponenten Valenz, Instrumentalität und Erwartung, welche sich in einer vereinfachten mathematischen Formel wie folgt darstellen lässt:[71]

- Leistungsbereitschaft = Valenz (V) x Instrumentalität (I) x Erwartung (E)

Die Valenz, oder auch Wertigkeit genannt, beschreibt die Attraktivität der Ergebnisse der ersten und zweiten Ordnung. Übertragen auf die oben genannte Formel ergeben sich für die Valenz (V) folgende Werte:[72]

- V = 0: Es besteht eine Neutralität in Bezug auf die möglichen Ergebnisse.
- V = ≥ 1: Das Bestreben, ein gewünschtes Ziel zu erreichen, ist vorhanden.

---

[68] Vgl. *Stock-Homburg, R.*, Personalmanagement, 2013, S. 78.
[69] Vgl. *Stahl, H.*, Leistungsmotivation in Organisationen, 2011, S. 41.
[70] Vgl. *Stock-Homburg, R.*, Personalmanagement, 2013, S. 79.
[71] Vgl. *Stahl, H.*, Leistungsmotivation in Organisationen, 2011, S. 41.
[72] Vgl. *Staehle, W.*, Management, 1999, S. 232.

- V = ≤ 0: Die Handlungen eines Menschen richten sich danach aus, das zu erwartende Ereignis zu vermeiden.

Die Instrumentalität dagegen beschreibt die Zusammenhänge zwischen den Ergebnissen der ersten Ordnung und der zweiten Ordnung. Das bedeutet konkret, welche Konsequenzen aus dem Erreichen der Ergebnisse der ersten Ordnung zu erwarten sind. In der Formel kann die Instrumentalität (I) mit folgenden Werten belegt sein:[73]

- I = -1: Mit Erreichung des Ergebnisses der ersten Ordnung ist die Erreichung des Ergebnisses der zweiten Ordnung nicht möglich oder nicht wünschenswert.
- I = +1: Die Zielerreichung des Ergebnisses der ersten Ordnung führt zum positiven Effekt des Ergebnisses der zweiten Ordnung.

Beispielsweise würde die Gehaltserhöhung aufgrund einer anderen Position im Unternehmen mit mehr Aufwand durch Geschäftsreisen einen Verzicht auf Freizeit für den Mitarbeiter bedeuten. Dies führt zu einer negativen Instrumentalität. Auf der anderen Seite kann eine Gehaltserhöhung bei gleich bleibender Tätigkeit eine positive Instrumentalität erzeugen, da die Konsequenz daraus keine negativen Nebeneffekte erzeugt.[74]

Nicht nur die Valenz oder die Instrumentalität tragen zur Leistungsbereitschaft eines Mitarbeiters bei, sondern auch die Erwartung bzw. die subjektive Wahrscheinlichkeit, ob die Erzielung eines Ergebnisses der ersten Ordnung möglich ist. Wird einem Mitarbeiter eine höhere Position angeboten, wobei er jedoch zu der Auffassung gelangt, nicht die erforderlichen Fähigkeiten für diese Position zu besitzen, wird er seine Anstrengung nicht erhöhen. Folglich nimmt die Erwartung (E) folgende Werte in der eingangs genannten Formel ein:[75]

- E = 0: Das Ergebnis der ersten Ordnung kann nicht erreicht werden.
- E = 1: Das Ergebnis der ersten Ordnung kann aus eigener Kraft erreicht werden.

---

[73] Vgl. *Stahl, H.*, Leistungsmotivation in Organisationen, 2011, S. 41 f.
[74] Vgl. *Stahl, H.*, Leistungsmotivation in Organisationen, 2011, S. 41 f.
[75] Vgl. *Steinmann, H. et al.*, Management, 2013, S. 489 f.

Die Theorie von Vroom wird in der Wissenschaft kritisch gesehen, da sie von der Annahme ausgeht, der Mensch agiere stets rational. In Wahrheit gehören irrationale Entscheidungen zum Wesen eines Menschen dazu.[76]

Vrooms VIE-Theorie zeigt auf, wie die Zielsetzung einer Person zustande kommt, und verdeutlicht die Bedeutsamkeit von Zielen zur Leistungssteigerung von Mitarbeitern. Erkennt die Unternehmensführung die individuelle Valenz, Instrumentalität und Erwartung eines Mitarbeiters, kann sie dieses Wissen nutzen, um die Zielsetzung eines Angestellten so weit zu beeinflussen, damit diese idealerweise mit den Unternehmenszielen übereinstimmt.

Vrooms Theorie liefert zudem Erkenntnisse darüber, welche Faktoren zu der Entstehung von Zielen einer Person beitragen können. Wie die Ziele eines Menschen dessen Handeln beeinflussen können, zeigt dagegen die Zielsetzungstheorie von Locke auf.

### 3.2.2 Zielsetzungstheorie nach Locke

Die Zielsetzungstheorie wird auf den amerikanischen Psychologen Edwin A. Locke zurückgeführt. Sie basiert auf der Hypothese, dass die Motivation eines Menschen durch das Setzen von Zielen und regelmäßiges Feedback über deren Zielerreichungsgrad, gesteuert werden kann. Als Grundlage seiner Theorie machte Locke sich den sogenannten „Zeigarnik-Effekt" zu Nutzen. Der „Zeigarnik-Effekt" besagt, dass die Zielsetzung zu einer inneren Anspannung führt, die nach und nach abklingt, je weiter der Zielerreichungsgrad vorangeschritten ist.[77] Die nachstehende Abbildung soll den Motivationsprozess nach Lockes Theorie verdeutlichen:

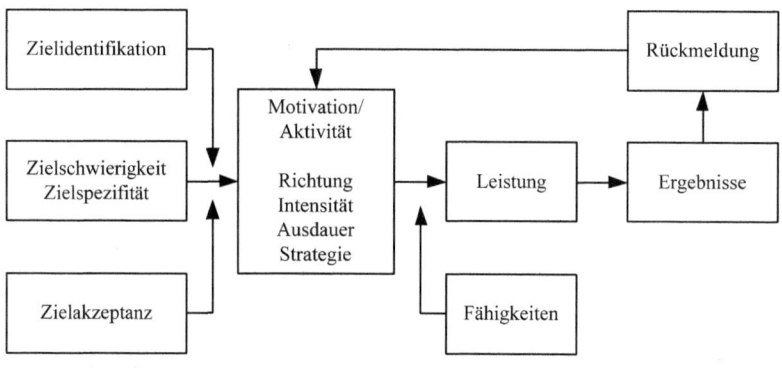

---

[76] Vgl. *Stahl, H.*, Leistungsmotivation in Organisationen, 2011, S. 42 f.
[77] Vgl. *Staehle, W.*, Management, 1999, S. 236.

Abbildung 4: Wirkungszusammenhänge gemäß Zielsetzungstheorie[78]

Die Wirkung von Zielen auf die Arbeitsleistung eines Mitarbeiters ist umso größer, je anspruchsvoller und präziser ein Ziel gesetzt wird. Diese These findet aber nur dann Anwendung, wenn der Untergebene die ihm vorgegebenen Ziele versteht und akzeptiert. Ferner nimmt Locke an, dass Angestellte, die sich mit den ihnen vorgegebenen Zielen identifizieren können, mehr Leistungsbereitschaft zeigen.[79] Entscheidend ist, dass die Ziele als Herausforderung im Rahmen ihrer Fähigkeiten empfunden werden. Sieht ein Mitarbeiter ein Ziel als Bedrohung an, welches er nicht zu bewältigen glaubt, kann sich dies demotivierend auf seine Arbeit auswirken.[80] Ferner führen Rückmeldungen über den Ergebnisstand der Zielerreichung zur Leistungssteigerung. Anhand dieses Wissens ist der Mitarbeiter in der Lage Richtung, Intensität, Ausdauer und Strategie seines Handelns zielführend auszurichten.[81]

Die Zielsetzungstheorie von Locke wurde in zahlreichen empirischen Studien belegt und fand dadurch eine hohe Akzeptanz in der Unternehmensführung. Kritisch ist zu betrachten, dass Lockes Theorie überwiegend auf quantitative Ziele übertragen werden kann. Quantitative Ziele sind solche, die in Zahlen gemessen werden können. Dazu zählen u. a die Verkaufszahlen eines bestimmten Produktes, oder der Umsatz eines Unternehmens. Qualitative Ziele dagegen sind schwer in Lockes Motivationsmodell zu übertragen als quantitative Ziele. Dies ist damit zu begründen, dass quantitative Ziele zunächst messbar gemacht werden müssen, ehe der Zielerreichungsgrad bestimmt werden kann. Als Beispiel für qualitative Ziele kann die Kundenzufriedenheit oder die Bekanntheit eines Produktes am Markt aufgeführt werden.[82]

Abschließend kann zu diesem Kapitel festgehalten werden, dass jede Motivationstheorie mit ihren individuellen Forschungsergebnissen Ansätze zur Gestaltung von Anreizsystemen liefert. Ferner verdeutlichen sie, dass Menschen unterschiedliche Ziele verfolgen und je nach Persönlichkeit durch ein anderes Anreizmittel motivierbar sind. Eine Auswahl von Anreizmitteln, die der Unter-

---

[78] Eigene Darstellung in Anlehnung an, *Stock-Homburg, R.*, Personalmanagement, 2013, S. 82.
[79] Vgl. *Stock-Homburg, R.*, Personalmanagement, 2013, S. 82.
[80] Vgl. *Nerdinger, F.*, Arbeitsmotivation und Arbeitshandeln, 2013, S. 68.
[81] Vgl. *Staehle, W.*, Management, 1999, S. 237.
[82] Vgl. *Nerdinger, F.*, Arbeitsmotivation und Arbeitshandeln, 2013, S. 69.

nehmensführung zur Mitarbeitermotivation zur Verfügung steht, wird im folgenden Kapitel näher erläutert.

## 4 Anreizsysteme zur Motivation von Mitarbeitern

Bevor im anschließenden Kapitel die Möglichkeiten und Grenzen der Mitarbeitermotivation mit Hilfe von Anreizsystemen aufgezeigt werden, folgt vorab eine Einführung in das Themengebiet. Nach einer allgemeinen Erläuterung der Wirkungsweise von Anreizsystemen wird der Unterschied zwischen den monetären und nicht-monetären Anreizsystemen aufgezeigt. Des Weiteren werden einige der bekanntesten Anreizmittel im Detail vorgestellt.

Um gewinnbringend wirtschaften zu können, setzt die Führungsebene Ziele, die den Umsatz ihres Unternehmens steigern. Damit diese angestrebten Ziele erreicht werden können, ist ein Unternehmen auf die Arbeitsleistung seiner Angestellten angewiesen. Diese Angestellten verfolgen in erster Linie eigene Ziele. Dazu zählen u. a. das Streben nach einer angesehenen Position oder ein höheres Gehalt. Daraus ergibt sich für die Unternehmensführung die Aufgabe seine Mitarbeiter für die Unternehmensziele zu gewinnen, ohne dabei die Ziele der Mitarbeiter unberücksichtigt zu lassen. Dies gelingt durch den Einsatz von Anreizsystemen.[83]

Ein Anreizsystem ist eine Kombination aus verschiedenen betrieblichen Anreizen. Es dient dem Zweck, Mitarbeiter in ihrem Verhalten zu beeinflussen und somit die Erfüllung der Unternehmensziele zu gewährleisten. Darüber hinaus können Anreizsysteme die Neugewinnung und Bindung von Mitarbeitern unterstützen sowie den Erhalt und die Steigerung der Arbeitsleistung fördern. Je nachdem welche Ziele eine Firma verfolgt, können durch sogenannte Eintrittsanreize, neue Mitarbeiter für ein Unternehmen gewonnen werden. In Zeiten des Stellenabbaus ist es dagegen von Bedeutung qualifizierte Mitarbeiter durch Bleibeanreize dauerhaft an den Arbeitgeber zu binden.[84]

Bei der Planung von Anreizsystemen sollten daher die Faktoren berücksichtigt werden, die zur Zufriedenheit bzw. Unzufriedenheit der Angestellten führen können. Darüber hinaus sollten sie gerecht, transparent und für alle Mitarbeiter gleich gestaltet werden, damit sie die gewünschte Wirkung erzielen können.[85] Diese Erkenntnisse lassen sich durch die Untersuchungen von Herzberg mit seiner Zwei-Faktoren-Theorie bestätigen.

---

[83] Vgl. *Wickel-Kirsch, S. et al.*, Personalwirtschaft, 2008, S. 176.
[84] Vgl. *Scherm, E. / Süß, S.*, Personalmanagement, 2016, S. 142.
[85] Vgl. *Nerdinger, F.*, Motivation von Mitarbeitern, 2003, S. 17 ff.

Zu den betrieblichen Anreizen können sowohl monetäre als auch nicht-monetäre Anreize gezählt werden. Die folgende Abbildung zeigt eine Reihe der möglichen Anreize, die in dieser Arbeit vorgestellt werden:[86]

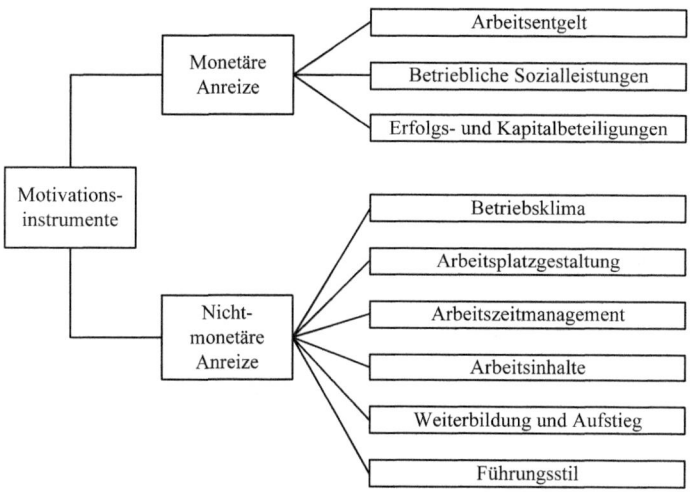

Abbildung 5: Instrumente der Mitarbeitermotivation[87]

## 4.1 Monetäre Anreizsysteme

Ein wesentlicher Bestandteil, der ein betriebliches Anreizsystem ausmacht, besteht aus den monetären Anreizen, da sie die Basis für die Befriedigung der Grundbedürfnisse der Mitarbeiter bilden. In der heutigen Zeit dienen sie nicht nur dem Zweck, die Angestellten für ihre reguläre Arbeitszeit zu entlohnen, sondern auch als Ansporn die Arbeitsleistung zu steigern, um die Erreichung der Unternehmensziele zu unterstützen.[88]

Zu den monetären Anreizen zählen alle materiellen Leistungen, die ein Unternehmen seinen Angestellten für die Ausübung ihrer Tätigkeit bietet. Die monetären Anreize umfassen die Gehälter und alle Sonderzahlungen für die Mitarbeiter. Darüber hinaus zählen auch die Sozialleistungen, wie z. B. eine betriebliche Al-

---

[86] Vgl. *Loffing, D. / Loffing, C.*, Mitarbeiterbindung, 2010, S. 156.
[87] Eigene Darstellung in Anlehnung an, *Wöhe, G. et al.*, Betriebswirtschaftslehre, 2016, S. 139.
[88] Vgl. *Wickel-Kirsch, S. et al.*, Personalwirtschaft, 2008, S. 182.

tersvorsorge sowie die Erfolgs- und Kapitalbeteiligungen an einem Unternehmen zu den monetären Anreizen.[89]

Bevor näher auf die Beschaffenheit der nicht-monetären Anreizsysteme eingegangen wird, erfolgt eine detaillierte Beschreibung der in dieser Arbeit herangezogenen monetären Anreize.

### 4.1.1 Arbeitsentgelt

Das Arbeitsentgelt wird als monetäre Gegenleistung des Arbeitgebers für die vertraglich festgelegte Arbeitsleistung eines Mitarbeiters definiert. Es stellt den größten Kostenfaktor in der Personalplanung sowie eines der effektivsten Anreizmittel zur Mitarbeitermotivation dar.[90]

Ein Vergütungssystem, welches die Motivation der Mitarbeiter fördert, setzt eine sogenannte Entgeltgerechtigkeit voraus, welche sich unter anderem aus der Anforderungsgerechtigkeit aus Arbeitnehmersicht und der Leistungsgerechtigkeit aus Arbeitgebersicht zusammensetzt. Für den Arbeitnehmer bedeutet dies, eine gerechte Bezahlung für seine geleistete Arbeit zu erhalten. Für den Arbeitgeber dagegen bedeutet dies, eine angemessene Leistung für das von ihm gezahlte Entgelt einfordern zu können. Als Hilfsmittel, um eine annähernde Entgeltgerechtigkeit gewähren zu können, dient die Arbeitsbewertung.[91]

Zweck der Arbeitsbewertung ist, die verschiedenen Anforderungen einer Stelle zu kategorisieren und einer entsprechenden Lohngruppe zuzuordnen. Die Arbeitsbewertung trifft keine Aussage über die Leistungsfähigkeit oder Motivation eines möglichen Stelleninhabers, sondern stellt den Schwierigkeitsgrad einer Verrichtung dar. Die Grundlage für die Arbeitsbewertung bildet die Stellenbeschreibung, die konkrete Angaben über einen Arbeitsplatz macht.[92] In der Praxis wird zur Erstellung einer Stellenbeschreibung entweder die summarische oder analytische Methode verwendet:[93]

- Summarische Methode: Die summarische Methode bewertet eine Stelle als Ganzes. Dies bedeutet, dass der Schwierigkeitsgrad eines Arbeitsplatzes in einer Gesamtbeurteilung erfolgt.

---

[89] Vgl. *Scherm, E. / Süß, S.*, Personalmanagement, 2016, S. 143.
[90] Vgl. *Bühner, R.*, Personalmanagement, 2005, S. 141 f.
[91] Vgl. *Kolb, M.*, Personalmanagement, 2010, S. 346 f.
[92] Vgl. *Scherm, E. / Süß, S.*, Personalmanagement, 2016, S. 146.
[93] Vgl. *Oechsler, W. / Paul, C.*, Personal und Arbeit, 2015, S.372 f.

- Analytische Methode: Die analytische Methode dagegen zerlegt den Arbeitsplatz in die einzelnen Teilanforderungen und ordnet diesen eine Kennzahl zu. Die Summe aus diesen Kennzahlen ergibt den Schwierigkeitsgrad einer Tätigkeit.

In der Praxis wird am häufigsten die summarische Methode verwendet, da der größte Teil der Arbeitnehmer nach den Vorgaben eines Tarifvertrages bezahlt wird, bei dem jeder Arbeitsplatz einer festgelegten Lohngruppe zugeordnet ist.[94]

Unabhängig davon, ob ein Arbeitnehmer auf Grundlage eines Tarifvertrages entlohnt wird, gilt bei dem Einsatz von Arbeitsentgelten als Anreizmittel, eine angemessene Lohnform zu wählen. Je nach Beschaffenheit eines Unternehmens und deren Unternehmenszielen, muss die Wahl zwischen einem Zeit- oder Leistungslohn getroffen werden. Die beigefügte Abbildung zeigt die gängigsten Lohnformen.[95]

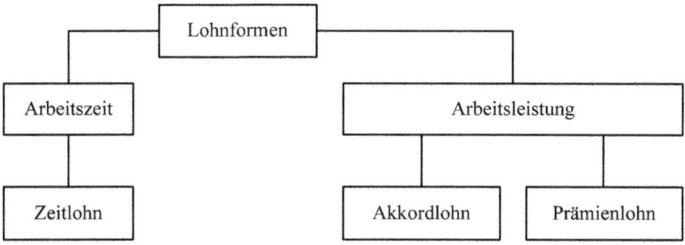

Abbildung 6: Bedeutende Lohnformen im Überblick[96]

**Zeitlohn**

Der Zeitlohn ist eine Entgeltform, bei der der Arbeitnehmer auf Basis seiner geleisteten Arbeitszeit, unabhängig von seiner tatsächlich erbrachten Leistung, bezahlt wird. Als Bezugsgröße können Stunden, Monate oder Wochen herangezogen werden, die mit der geleisteten Arbeitszeit multipliziert werden. Der Lohnsatz berechnet sich demnach wie folgt:[97]

- Zeitlohn = Lohnsatz je Zeiteinheit x Anzahl geleisteter Zeiteinheit

---

[94] Vgl. *Wöhe, G. et al.*, Betriebswirtschaftslehre, 2016, S. 141.
[95] Vgl. *Hentze, J. / Graf, A.*, Personalwirtschaftslehre 2, 2005, S. 115.
[96] Eigene Darstellung in Anlehnung an. *Wöhe, G. et al.*, Betriebswirtschaftslehre, 2016, S. 142.
[97] Vgl. *Linder-Lohmann, D. et al.*, Personalmanagement, 2016, S. 127.

Folglich erhalten alle Mitarbeiter innerhalb einer Lohngruppe das gleiche Gehalt. Lohnzuschläge können für Mehrarbeit in Form von Überstunden oder Nachtschichtarbeit sowie für Sonn- und Feiertagsarbeit gezahlt werden. Ein direkter monetärer Leistungsanreiz besteht aufgrund des Fixgehalts nicht. Dennoch ist eine Leistungssteigerung durch die Zahlung eines zusätzlichen leistungsorientierten Bonus möglich.[98]

Eingesetzt wird der Zeitlohn immer dann, wenn der Fokus auf der Qualität der zu erwartenden Arbeitsleistung liegt, wie beispielsweise in der Dienstleistungsbranche, wo die Kundenzufriedenheit im Vordergrund steht. Aber auch bei Arbeitsabläufen mit konstanter Geschwindigkeit, wie der Fließbandarbeit oder bei dispositiven Tätigkeiten, bei denen eine Leistungsmessung nur schwer möglich ist, eignet sich diese Lohnform.[99]

**Akkordlohn**

Im Gegensatz zum Zeitlohn stellt der Akkordlohn eine Entgeltform dar, bei der sich die Bezahlung des Mitarbeiters an seiner tatsächlich erbrachten Leistung ausrichtet. Das Grundkonzept des Akkordlohns besteht aus dem Vergleich einer zuvor festgelegten Soll-Leistung und der erbrachten Ist-Leistung. Aus diesem Vergleich leitet sich die Berechnung des Akkordlohns ab, die in zwei Stufen erfolgt. Anhand der Soll-Leistung oder auch Normalleistung genannt, wird im ersten Schritt ein Mindestlohn für die Mitarbeiter festgelegt. Im zweiten Schritt wird, zusätzlich zu dem Mindestlohn, ein Akkordzuschlag festgelegt, der gezahlt wird, sofern der Mitarbeiter die Normalleistung überschreitet.[100] Aus der Summe von Mindestlohn und Akkordzuschlag ergibt sich der Akkordrichtsatz, der den Stundenverdienst eines Mitarbeiters bei Normalleitung darstellt. Die Berechnung des Akkordlohns kann sowohl auf Basis des Geldakkordes als auch des Zeitakkordes erfolgen. Während beim Geldakkord ein Geldsatz je geleisteter Mengeneinheit als Berechnungsgrundlage verwendet wird, erfolgt die Berechnung des Zeitakkords auf Basis eines Zeitfaktors, der für die Herstellung einer vorgegebenen Menge benötigt wird.[101]

Trotz unterschiedlicher Berechnungsmethoden unterscheiden sich der Geld- und Zeitakkord im Endergebnis nicht voneinander. Jedoch stellt der Zeitakkord den

---

[98] Vgl. *Wöhe, G. et al.*, Betriebswirtschaftslehre, 2016, S. 142.
[99] Vgl. *Hagenloch, T.*, Betriebswirtschaftslehre, 2009, S. 241.
[100] Vgl. *Wöhe, G. et al.*, Betriebswirtschaftslehre, 2016, S. 143.
[101] Vgl. *Hentze, J. / Graf, A.*, Personalwirtschaftslehre 2, 2005, S. 126.

Vorteil dar, dass bei Tarifänderungen keine neuen Akkordsätze bestimmt werden müssen. Durch eine klare Zielvorgabe ergibt sich bei der Zahlung des Akkordlohns eine Leistungsgerechtigkeit, die den Mitarbeiter zu Mehrarbeit anspornen kann. Allerdings besteht die Gefahr der Qualitätsminderung bei der Fertigung eines Produktes sowie der gesundheitlichen Beeinträchtigung der Mitarbeiter, wenn diese ihre eigene Leistungsfähigkeit überschätzen.[102]

Final kann festgehalten werden, dass die Wahl des Akkordlohns als Arbeitsentgelt nur dann sinnvoll ist, wenn das Produktionsergebnis messbar ist. In der Praxis kommt der Akkordlohn meist in der Metallindustrie, im Baugewerbe und in den landwirtschaftlichen Betrieben zum Tragen.[103]

**Prämienlohn**

Anders als der Zeitlohn oder der Akkordlohn stellt der Prämienlohn sowohl eine anforderungsbezogene als auch eine leistungsorientierte Vergütungsvariante dar. Zuzüglich zu einem Grundlohn wird dem Mitarbeiter eine Prämie für überdurchschnittliche Leistungen gezahlt. Als Bezugsgröße für die gezahlte Prämie können unter anderem, qualitative oder quantitative Faktoren sowie die Ersparnis von Betriebsmitteln herangezogen werden. In Abhängigkeit von der gewählten Bezugsgröße ergeben sich daher folgende Prämienarten:[104]

- Mengenleistungsprämie: Die Mengenleistungsprämie wird dann gezahlt, wenn die ausgeübte Tätigkeit aufgrund von wechselnden Arbeitsbedingungen nicht für Bezahlung nach einem Akkordlohn geeignet ist.
- Qualitätsprämie: Die Qualitätsprämie belohnt die Erhöhung der qualitativen Produktionserzeugnisse. Die Bezugsgröße kann beispielsweise das Produzieren fehlerfreier Ware, die Verringerung der Nachbearbeitung am Endprodukt sowie eine verbesserte Qualitätskontrolle sein.
- Ersparnisprämie: Die Ersparnisprämie wird für den wirtschaftlichen Einsatz von Produktionsfaktoren, wie z. B. Rohstoffen, Maschinen oder dem Energieverbrauch gewährt.
- Nutzungsgradprämie: Durch die Nutzungsgradprämie soll eine optimale Ausreizung der vorhandenen Betriebsmittel gewährleistet werden. Als Bezugsgröße kann u. a. der Nutzungsgrad einer Maschine im Verhältnis zu der tatsächlichen Arbeitszeit gemessen werden.

---

[102] Vgl. *Bühner, R.*, Personalmanagement, 2005, S. 157 f.
[103] Vgl. *Wöhe, G. et al.*, Betriebswirtschaftslehre, 2016, S. 143.
[104] Vgl. *Hentze, J. / Graf, A.*, Personalwirtschaftslehre 2, 2005, S. 132 ff.

Voraussetzung für eine hohe Anreizwirkung ist der Einfluss des Mitarbeiters auf die Gestaltung des Prämienverlaufs. Je geringer der Einfluss des Mitarbeiters auf die Erreichung der Prämie ist, desto geringer wird seine Motivation ausfallen. Auch wenn der Prämienlohn ein effizientes Mittel zu Motivationssteigerung der Mitarbeiter darstellt, sollte die Prämienhöhe den wirtschaftlichen Nutzen für das Unternehmen nicht übersteigen.[105]

### 4.1.2 Freiwillige betriebliche Sozialleistungen

Neben den gesetzlich und tariflich vorgeschriebenen Sozialleistungen wie z. B. der Arbeitgeberanteil zur Sozialversicherung, der Lohnfortzahlung in Krankheitsfällen sowie eines tariflich bestimmten Urlaubs und Weihnachtsgeldes, besteht die Möglichkeit der Gewährung von freiwilligen betrieblichen Sozialleistungen. Sie dienen dem Zweck fähige Mitarbeiter für das Unternehmen zu gewinnen, die Motivation der Mitarbeiter zu steigern und qualifizierte Angestellte langfristig an das Unternehmen zu binden. Zu den freiwilligen betrieblichen Sozialleistungen zählen unter anderem:[106]

- Betriebliche Altersvorsorge
- Bereitstellung einer Kantine
- Übertarifliches Urlaubs- und Weihnachtsgeld
- Finanzielle Zuschüsse für Wohnung, Weiterbildung, Fahrtkosten und Essen
- Sonderzahlungen zu Jubiläumsanlässen
- Betriebliche Kinderbetreuung
- Sport- und Gesundheitsförderung

Mitarbeiterumfragen ergaben, dass die betriebliche Altersvorsorge sowie das außertarifliche Urlaubs- und Weihnachtsgeld zu den beliebtesten freiwilligen betrieblichen Sozialleistungen zählt. Mit der Gewährung von betrieblichen sozialen Anreizen sind nicht nur Vorteile verbunden. Oft erzielen sie nicht den gewünschten Motivationseffekt, da sie aus Mitarbeitersicht als selbstverständlich angesehen werden. Darüber hinaus wird der Aufwand zur Bereitstellung diverser Leistungen nicht im gewünschten Maße anerkannt. Aus Unternehmenssicht stellen der hohe Kostenfaktor und Verwaltungsaufwand eine Problematik dar, da das Verhältnis aus Kosten und Nutzen nicht ausgewogen ist. Daher zählt es zu

---

[105] Vgl. *Scherm, E. / Süß, S.*, Personalmanagement, 2016, S. 156.
[106] Vgl. *Wöhe, G. et al.*, Betriebswirtschaftslehre, 2016, S. 146.

den wichtigsten Unternehmensaufgaben ihre Sozialpolitik zukunftsorientiert umzugestalten und auszurichten, um als Anreizmittel zur Mitarbeitermotivation beitragen zu können.[107]

### 4.1.3 Erfolgs- und Kapitalbeteiligungen

Ein weiterer Bestandteil, der zu den monetären Anreizen zählt, ist die Beteiligung an einem Unternehmen. Sie wird unabhängig vom Gehalt des Mitarbeiters in Form von Erfolgs- oder Kapitalbeteiligungen gewährt.[108]

Erfolgsbeteiligungen können auf Basis der folgenden drei Bemessungsgrundlagen ausgeschüttet werden:[109]

- Ertragsbeteiligung: Die Ertragsbeteiligung wird aus dem Umsatz, der Wertschöpfung oder den Erträgen eines Unternehmens errechnet. Sie wird auch dann geleistet, wenn das Ergebnis aus einer Gewinn- und Verlustrechnung negativ ist, da die monetären Aufwendungen des Unternehmens bei der Ertragsbeteiligung in weiten Teilen unberücksichtigt bleiben.
- Gewinnbeteiligung: Im Gegensatz zur Ertragsbeteiligung werden Gewinnbeteiligung auf Basis der Gewinn- und Verlustrechnung eines Unternehmens ausgezahlt. Dies hat den Vorteil für die Arbeitnehmerseite, dass nur dann eine Zahlung erfolgt, sofern das Unternehmen nach Abzug aller Kosten auch einen positiven Gewinn erzielt hat.
- Leistungsbeteiligung: Die Leistungsbeteiligung wird anhand der betrieblichen Leistung berechnet. Sie wird dann ausgezahlt, wenn die Gesamtleistung des Unternehmens eine zuvor festgelegte Normalleistung überschreitet. Die betriebliche Leistung eines Unternehmens kann an ihren Produktionsergebnissen, der allgemeinen Produktivität oder an Kostenersparnissen innerhalb des Produktionsablaufes festgemacht werden.

Anders als bei der Erfolgsbeteiligung, die den Mitarbeiter am Unternehmensergebnis beteiligt, lässt die Kapitalbeteiligung den Mitarbeiter sowohl durch Fremdkapital als auch Eigenkapital am Unternehmen teilhaben. Fremdkapitalbeteiligungen können in Form von Mitarbeiterdarlehen oder Mitarbeiterschuldverschreibungen erfolgen, deren Zinssatz unter dem üblichen Marktzins liegt. Eigenkapitalbeteiligungen werden vorwiegend in der Ausgabe von Belegschafts-

---

[107] Vgl. *Kolb, M.*, Personalmanagement, 2010, S. 367 f.
[108] Vgl. *Wöhe, G. et al.*, Betriebswirtschaftslehre, 2016, S. 146 f.
[109] Vgl. *Oechsler, W. / Paul, C.*, Personal und Arbeit, 2015, S.396 f.

aktien gewährt, deren Ausgabekurs unter dem Börsenkurs liegt und mit einer Bindungsfrist zwischen ein und drei Jahren versehen ist. Der Mitarbeiter wird somit am Erfolg und am Verlust des Unternehmens beteiligt. Welche Form der Kapitalbeteiligung die Unternehmensführung als Anreizmittel einsetzen kann, hängt u. a. von ihrer Rechtsform oder ihrer wirtschaftlichen Situation ab.[110]

Erfolgs- und Kapitalbeteiligungen als Anreizmittel dienen dem Zweck, die Mitarbeiter stärker an das Unternehmen zu binden. Ferner soll die Steigerung der Leistungsbereitschaft erzielt werden. Als problematisch erweist sich die Motivation der Mitarbeiter dann, wenn der Einfluss des Einzelnen auf die Unternehmensziele nur in geringer Form oder gar nicht gegeben ist.[111]

## 4.2 Nicht-monetäre Anreizsysteme

Im Gegensatz zu den monetären Anreizen, die mit dem Mitarbeiter im Einzelnen vertraglich fixiert werden können, stellen die nicht-monetären Anreize die größere Herausforderung an die Unternehmensführung. Sie bestehen aus komplexen Sachverhalte, deren Gestaltung viele Mitarbeiter gleichzeitig betrifft. Während monetäre Anreize kurzfristig geplant und eingesetzt werden können, bedarf es bei der Organisation und Umsetzung der nicht-monetären Anreize einen längeren Zeitraum.[112]

Die nicht-monetären Anreize umfassen darüber hinaus alle Gegebenheiten, die eine Tätigkeit attraktiver gestalten und den Mitarbeiter durch ein angenehmes Betriebsklima sowie auf ihn abgestimmte Arbeitsinhalte oder auch eine flexible Arbeitszeitregelung motivieren. Auch der Führungsstil des Vorgesetzten, die Gestaltung des Arbeitsplatzes, die Möglichkeit der Weiterbildung und des Aufstieges können als nicht-monetäres Anreizmittel Einfluss auf den Mitarbeiter haben.[113]

### 4.2.1 Betriebsklima

Ähnlich wie in der Landwirtschaft, in der das Ergebnis einer Ernte von einem nahrhaften Boden, günstigen klimatischen Bedingungen und einem qualitativen Saatgut abhängig ist, verhält es sich mit dem Betriebsklima. Dort wo Mitarbeiter

---

[110] Vgl. *Scherm, E. / Süß, S.*, Personalmanagement, 2016, S. 165.
[111] Vgl. *Kolb, M.*, Personalmanagement, 2010, S. 361.
[112] Vgl. *Wickel-Kirsch, S. et al.*, Personalwirtschaft, 2008, S. 177.
[113] Vgl. *Scherm, E. / Süß, S.*, Personalmanagement, 2016, S. 143.

das Betriebsklima als angenehm empfinden, werden bessere Arbeitsergebnisse erzielt.[114]

Als Betriebsklima wird die Arbeitsfreude und Stimmung bezeichnet, mit der die Mitarbeiter ihrer täglichen Arbeit nachgehen. Ein harmonisches Verhältnis zu Kollegen und Vorgesetzten können dies verbessern. Ferner steigt durch ein gutes Betriebsklima die Bereitschaft zu Mehrarbeit.[115]

Als einen bedeutenden Bestandteil eines guten Betriebsklimas kann die Pflege von zwischenmenschlichen Beziehungen genannt werden. Das kann durchaus als für das Individuum als wichtig gehalten werden, verbringt es doch den Großteil seines Lebens an seinem Arbeitsplatz. Dieses führt zu einer generellen Arbeitszufriedenheit, die eine höhere Leistungsbereitschaft zur Folge hat. Ein schlechtes Bertriesklima dagegen, welches u. a. durch Missgunst, Neid, Mobbing, ungerechte Beurteilung und fehlenden Vertrauen zu dem Vorgesetzten entstehen kann, demotiviert den Beschäftigten. Weitere Konsequenzen können eine hohe Krankenquote oder eine größere Fluktuation sein.[116]

Das Schaffen eines guten Betriebsklimas ist eines der effizientesten Anreizmittel zur Steigerung der Mitarbeitermotivation. Für die Unternehmensführung bedeutet dies allerdings, einen langwierigen Prozess auf Basis subjektiver Empfindungen, wie Vertrauen, Verständnis oder Hilfsbereitschaft, umzusetzen. Dennoch ist es eine Maßnahme, die wenig Kosten verursacht und in einer erfolgreichen Unternehmensführung nicht vernachlässigt werden sollte.[117]

### 4.2.2 Arbeitsplatzgestaltung

Ca. ein Drittel des Tages verbringt ein Arbeitnehmer an seinem Arbeitsplatz. Daher ist der Einfluss einer optimierten Arbeitsplatzgestaltung auf die Leistungsfähigkeit der Angestellten sehr groß. Es gilt dabei sowohl die körperlichen als auch die psychischen Gegebenheiten am Arbeitsort zu verbessern. In der Betriebspraxis wird eine Anpassung des Arbeitsplatzes an die Bedürfnisse der Mitarbeiter auch ergonomische Arbeitsplatzgestaltung genannt. Diese setzt sich aus den folgenden fünf Teilbereichen zusammen:[118]

---

[114] Vgl. *Wöhe, G. et al.*, Betriebswirtschaftslehre, 2016, S. 148.
[115] Vgl. *Haberkorn, K.*, Mitarbeiterführung, S 249.
[116] Vgl. *Wöhe, G. et al.*, Betriebswirtschaftslehre, 2016, S. 148.
[117] Ebd.
[118] Vgl. *Bröckermann, R.*, Personalwirtschaft, 2016, S.143 f.

1. **Anthropometrische Anpassung:** Die anthropometrische Anpassung umfasst alle Mittel, die dazu dienen, den Arbeitsplatz an die körperlichen Maße des Mitarbeiters anzupassen. Darunter ist nicht nur die Gestaltung des Arbeitsplatzes durch beispielsweise höhenverstellbare Bürotische, ergonomische Bürostühle und Fußstützen zu verstehen. Ebenso zählen auch die Anordnung von Maschinen und individuell angepassten Werkzeugen sowie die Erleichterung der Bedienung von Maschinen dazu.
2. **Physiologische Anpassung:** Die physiologischen Anpassungen betreffen die Veränderungen, die Einfluss auf den menschlichen Organismus und sein Leistungsvermögen haben. Dazu gehören ausreichend Bewegungsfreiheiten, die Lichtverhältnisse und das Klima in Gebäuden. Darüber hinaus spielen auch hygienische Bedingungen und die Lärmkulisse eine große Rolle.
3. **Psychologische Anpassung:** Zu den psychologischen Bedingungen zählen die Maßnahmen, die eine positive Auswirkung auf das Betriebsklima und das Arbeitsumfeld haben. Neben den zwischenmenschlichen Beziehungen zu den Kollegen und Vorgesetzten kann auch die Gestaltung eines Raums zu einer Verbesserung der Arbeitsbedingungen führen.
4. **Informationstechnische Anpassung:** Die informationstechnische Anpassung erfolgt durch solche Maßnahmen, die den Austausch von Informationen und die Erhöhung der Arbeitsgeschwindigkeit verbessern. Dies kann beispielsweise durch schnellere Software auf Computern sowie die Bereitstellung von modernen Maschinen bewirkt werden.
5. **Sicherheitstechnische Anpassung:** Die sicherheitstechnischen Anpassungen betreffen jene Vorkehrungen, die sich auf den Unfallschutz und die Arbeitssicherheit der Mitarbeiter beziehen. Dazu zählen zum einen die Erforschung und Verhütung von Arbeits- und Wegeunfällen. Zum anderen sind die typischen Berufskrankheiten der jeweiligen Berufsgruppe zu analysieren und vorbeugende Maßnahmen zu deren Vermeidung zu treffen.

Nicht nur die ergonomische Gestaltung des Arbeitsplatzes trägt zur Verbesserung der Mitarbeiterzufriedenheit bei. Auch der gesellschaftliche Wandel, der den Wunsch der Mitarbeiter mit sich gebracht hat, Beruf und Privatleben miteinander zu vereinbaren, sollte in einer erfolgreichen Unternehmensführung berücksichtigt werden. Die heutigen technischen Gegebenheiten ermöglichen die

Verlagerung des Arbeitsplatzes in den Privatbereich. Ein Beispiel dafür ist die Telearbeit.[119]

Die Telearbeit kann in den Wohnräumen des Mitarbeiters oder an einem anderen beliebigen Standort außerhalb des Betriebs ausgeführt werden. Die Telearbeit ist nicht für jede Berufsgruppe geeignet, da sie nur für solche Berufe geeignet ist, die keinen direkten Kontakt zum Kunden oder Kollegen im Unternehmen erfordern. Am häufigsten wird sie in Banken und Versicherungen sowie in Dienstleistungsunternehmen angeboten. In der Praxis existieren folgende vier Arten der Telearbeit:[120]

1. Heimbasierte Telearbeit: Tätigkeiten der heimbasierenden Telearbeit werden überwiegend in der Wohnstätte des Mitarbeiters ausgeübt.
2. Center-based Telearbeit: Die Center-based Telearbeit zeichnet sich durch das Einrichten sogenannter Nachbarschaftsbüros aus die in Wohngebieten zu finden sind. Die Mitarbeiter erhalten dort einen temporären Arbeitsplatz, um flexibel an mehreren Standorten ihrer Tätigkeit nachgehen zu können.
3. On-site Telearbeit: Die on-site Telearbeit dient dem Zweck, Arbeitsaufgaben direkt beim Kunden oder Lieferanten vor Ort zu verrichten.
4. Mobile Telearbeit: Die mobile Telearbeit beinhaltet alle Aktivitäten, die ein Außendienstmitarbeiter mittels eines mobilen Informations- und Kommunikationsequipment, unabhängig von seiner Arbeitsstätte, ausüben kann.

Eine Kombination aus Telearbeit und einem festen Arbeitsplatz innerhalb des Unternehmens bietet dem Arbeitnehmer mehr Flexibilität, Beruf- und Privatleben miteinander zu vereinen.[121] Die Telearbeit weist aber auch negative Seiten auf, da die Gefahr der Isolation zu Kollegen und Vorgesetzten bestehen kann. Darüber hinaus ist ein hohes Maß an Selbstdisziplin der Mitarbeiter erforderlich, um für die Telearbeit geeignet zu sein.[122]

---

[119] Vgl. *Wöhe, G. et al.*, Betriebswirtschaftslehre, 2016, S. 136.
[120] Vgl. *Holtbrügge, D.*, Personalmanagement, 2015, S. 179.
[121] Vgl. *Stock-Homburg, R.*, Personalmanagement, 2013, S. 755.
[122] Vgl. *Kolb, M.*, Personalmanagement, 2010, S. 344.

### 4.2.3 Arbeitszeitmanagement

Das Thema Arbeitszeit ist in der heutigen Unternehmensführung mehr in den Fokus geraten als in früheren Zeiten. Im Mittelpunkt steht die Frage, wie es den Mitarbeitern ermöglicht werden kann, den Beruf mit ihren privaten Belangen zu vereinen, ohne die Unternehmensziele in den Hintergrund zu stellen.[123]

Eine Möglichkeit, die Arbeitszeit als Anreizmittel zur Befriedigung der Mitarbeiterbedürfnisse zu nutzen, ist die Flexibilisierung der Arbeitszeit. Aus der Flexibilisierung der Arbeitszeit ergeben sich folgende Vorteile sowohl für die Arbeitnehmerseite als auch die Arbeitgeberseite:[124]

1. **Kapazitätsausnutzung**: Die Kapazitäten der Unternehmen können erhöht werden und flexibel auf Schwankungen in der Nachfrage reagieren.
2. **Reduzierung von Personalabbau**: Durch flexible Arbeitszeiten kann in Zeiten von Restrukturierung des Unternehmens, Fusionen oder Übernahmen, der damit einhergehende Personalabbau reduziert werden kann in dem die Arbeitszeiten an die besonderen Umstände des Betriebes angepasst werden. Als Beispiel kann die Einführung von Schichtdienst saufgeführt werden.
3. **Soziale und arbeitsphysiologische Gründe**: Angestellten wird die Möglichkeit gegeben ihre persönlichen Lebensumstände an ihre Arbeitszeit anzupassen und ihr Privatleben besser mit dem Beruf zu vereinbaren. Dieser Zustand wird auch Work-Life-Balance genannt.
4. **Individualisierung**: Die Individualisierung der Arbeitszeit stellt einen Anreiz dar, der die Mitarbeitermotivation beeinflussen kann und folglich ihre Leistungsbereitschaft steigert.
5. **Steigerung der Arbeitgeberattraktivität**: Durch eine flexible Anpassung an die gegebenen Marktumstände kann der Arbeitgeber sich als modernes Unternehmen und attraktiver Arbeitgeber für hochqualifizierte Mitarbeiter positionieren.

Eines der bekanntesten Modelle der flexiblen Arbeitszeit ist die Gleitzeitarbeit. Die Gleitzeitarbeit sieht vor, dass der Mitarbeiter im Rahmen seiner täglichen Sollarbeitszeit den Arbeitsbeginn und das Arbeitsende selber bestimmen kann. Einige Gleitzeitmodelle sehen das Einhalten einer Kernarbeitszeit vor, in der die Angestellten zu Anwesenheit verpflichtet sind, um einen reibungslosen Produk-

---

[123] Vgl. *Wickel-Kirsch, S. et al.*, Personalwirtschaft, 2008, S. 196 f.
[124] Vgl. *Scherm, E. / Süß, S.*, Personalmanagement, 2016, S. 167 ff.

tionsablauf zu gewährleisten. Eine weitere Gleitzeitvariante bietet, durch Mehr- oder Minderarbeit der täglichen Sollzeit, die Möglichkeit des Führens eines Gleitzeitkontos. Mit Hilfe des Gleitzeitkontos baut der Mitarbeiter ein Guthaben oder Sollposten seiner Arbeitsstunden auf, die er in Absprache mit Vorgesetzten und Kollegen für private Belange nutzen kann. Die Bedingungen, die an das Führen eines Gleitzeitkontos verknüpft sind, werden in einer vorgeschriebenen Betriebsvereinbarung festgehalten. Die Betriebsvereinbarung beinhaltet u. a. den Zeitrahmen der Kernarbeitszeit, Pausenregelungen sowie die maximalen Arbeitsstunden pro Tag.[125]

Das folgende Beispiel zeigt auf, wie Gleitzeit positiv auf die Motivation des Mitarbeiters und die daraus resultierende Leitungsfähigkeit einwirken kann:[126]

Ein Angestellter, dessen Arbeitszeit regulär um 7:00 Uhr begann, war meist die ersten Stunden des Tages müde und konnte nicht immer die volle Konzentration aufbringen. Oft ließ er sich verleiten während der Arbeitszeit seine abonnierte Tageszeitung zu lesen. Um private Termine wie einen Arztbesuch wahr zunehmen, musste er einen Tag Urlaub opfern. Nach Einführung des Gleitzeitmodelles verlegte er seinen Arbeitszeitbeginn auf 9:00 Uhr und verschob sein Arbeitsende auf den späteren Abend. Dies führte dazu, dass er ausgeschlafen und kraftvoller seinen Arbeitsalltag bewältigen konnte. Einen möglichen Arztbesuch verlegte er vor Arbeitszeitbeginn und konnte sich dadurch einen unnötigen Urlaubstag aufsparen. Seine abonnierte Tageszeitung las er von da an in Ruhe zu Hause. Sein Arbeitgeber konnte feststellen, dass er seine Arbeitszeit nicht mehr für private Zwecke, wie das Lesen seiner Zeitung, nutzte. Zudem wirkte er durch die fehlende Müdigkeit zufriedener, was seine Motivation bei der Arbeit steigern konnte.

Die Gleitzeit bietet Vor- und Nachteile sowohl für den Betrieb als auch den Angestellten. Der Mitarbeiter profitiert von einer flexiblen Gestaltung seiner Arbeitszeit, indem er einen verbesserten Lebensrhythmus findet. Allerdings hat das Führen eines Gleitzeitkontos mehr Kontrolle über seine geleisteten Arbeitsstunden zur Folge. Der Arbeitgeber dagegen ist in der Lage anhand einer flexiblen Ausnutzung der Kapazitäten Kosten einzusparen. Dennoch bedeutet für ihn das Einführen und Verwalten eines Gleitzeitsystems mehr Verwaltungsaufwand. Folglich ist vor Einführung eines Gleitzeitmodelles die Machbarkeit, in Abhän-

---

[125] Vgl. *Kolb, M.*, Personalmanagement, 2010, S. 335 f.

[126] Vgl. *von Rosenstiel, L.*, Motivation im Betrieb, 2010, S. 211.

gigkeit von den gegebenen Betriebszuständen sowie der Nutzen gegenüber des Aufwands, zu prüfen.[127]

#### 4.2.4 Arbeitsinhalte

Ein weiteres Anreizmittel zur Mitarbeitermotivation, welches von großer Bedeutung ist, liegt in der Gestaltung der Tätigkeit an sich. Wie bereits in Kapitel 2.4.3 erläutert, erfolgt bei der intrinsischen Motivation die Motivation zwar ohne Anreiz von außen, dennoch kann die Unternehmensführung sich diese als Anreizmittel nutzbar machen, indem sie die Arbeitsinhalte des Mitarbeiters seinen Bedürfnissen anpasst.[128]

Bei der Gestaltung der Arbeitsinhalte sollte die Führungskraft in erster Linie die Fähigkeiten des Mitarbeiters mit den Anforderungen des Arbeitsplatzes abgleichen. Entsprechen die Qualifikationen des Angestellten seinem Stellenprofil, können die folgenden sechs Merkmale einer Tätigkeit zur Motivation des Mitarbeiters beitragen:[129]

1. Anforderungsvielfalt: Die Tätigkeit sollte mehrere Fähigkeiten des Mitarbeiters in Anspruch nehmen, da dies seine geistige Beweglichkeit fördert. Sein körperliches und psychisches Wohlbefinden bleibt aufgrund dessen erhalten. Eine abwechslungsreiche Aufgabe stellt zudem eine Herausforderung dar, welche die Leistung positiv beeinflussen kann.
2. Ganzheitlichkeit der Aufgabe: Bei der Übertragung einer Aufgabe sollte diese im Ganzen vom zuständigen Mitarbeiter ausgeführt werden und nicht in kleine Teilabschnitte an mehrere Mitarbeiter verteilt werden. Durch die Ausführung von Teilbereichen ist die Einschätzung der eigenen Leistung und der damit verbundenen Wertschätzung gefährdet.
3. Bedeutsamkeit der Aufgabe: Ist sich der Mitarbeiter der Bedeutsamkeit seiner Aufgabe für den Vorgesetzten, die Kollegen und dem Unternehmen bewusst, wird sich das positiv auf seine Motivation auswirken. Dies vermittelt ihm das Gefühl einen bedeutenden Beitrag am Gesamterfolg des Unternehmens zu leisten.
4. Autonomie: Dem Mitarbeiter sollte ein bestimmter Rahmen für eigene Entscheidungen und Freiraum für die Organisation innerhalb seines Aufgabengebietes zugesprochen werden. Dies fördert die Eigeninitiative des

---

[127] Vgl. *Kolb, M.*, Personalmanagement, 2010, S. 337.
[128] Vgl. *Wickel-Kirsch, S. et al.*, Personalwirtschaft, 2008, S. 178.
[129] Vgl. *Nerdinger, F.*, Motivation von Mitarbeitern, 2003, S. 25 ff.

Angestellten. Muss er allerdings jeden seiner Arbeitsschritte vorab abstimmen, droht eine Gleichgültigkeit für die ihm übertragenden Aufgaben.
5. **Rückmeldungen**: Die Aufgabe eines Mitarbeiters sollte so gestaltet sein, dass er einschätzen kann, wie der Stand seiner eigenen Leistung ist. Durch Lob und Anerkennung des Vorgesetzten wird die Motivation des Mitarbeiters zusätzlich gesteigert.

Grundsätzlich sollte die Aufgabe eines Mitarbeiters nicht zu spezifisch gestaltet sein, da ansonsten eine Monotonie entstehen könnte, die den Mitarbeiter demotiviert. Entsprechend der zuvor genannten Merkmale sollten die Arbeitsinhalte und deren Schwierigkeitsgrad individuell auf die Bedürfnisse des Angestellten abgestimmt werden. Fühlt sich der Mitarbeiter dauerhaft überfordert und empfindet seine Aufgaben als zu schwer oder unpassend für sich droht als Konsequenzen u. a. Unzufriedenheit und ein Nachlassen der Leistungsbereitschaft.[130]

### 4.2.5 Weiterbildung und Aufstieg

Ein weiteres Instrument, Mitarbeiter zu motivieren, ergibt sich aus der Förderung von Mitarbeitern. Auch hier gilt es, die Wünsche und Bedürfnisse der Mitarbeiter mit den Zielen der Unternehmensführung in Einklang zu bringen. Ziel der Unternehmensführung ist es, das Potenzial seiner Mitarbeiter auszuschöpfen, um sie an das Unternehmen zu binden und somit den Personalbedarf langfristig zu sichern. Um dieses Ziel zu erreichen, stehen dem Unternehmen zum einen die Weiterentwicklung und zum anderen die Aufstiegschancen als Anreizmittel zur Verfügung.[131]

### Weiterbildung

Weiterbildungsmaßnahmen eignen sich besonders für junge Mitarbeiter, deren Fähigkeiten noch nicht voll entwickelt sind und solche, die das Bedürfnis nach Entfaltung im Beruf suchen. Geeignete Maßnahmen können interne und externe Seminare sein, aber auch die Weiterentwicklung zum Experten sowie die Unterstützung bei einem berufsbegleitenden Studium sind möglich. Aber auch Mitarbeiter, die nach einer beruflichen oder privaten Kriese von einem Unternehmen gehalten werden sollen, kann durch Weiterbildungsmaßnahen ein Neuanfang im Unternehmen ermöglicht werden.[132]

---

[130] Vgl. *von Rosenstiel, L.*, Motivation im Betrieb, 2010, S. 199.
[131] Vgl. *Kolb, M.*, Personalmanagement, 2010, S. 508.
[132] Vgl. *Gemür, M. / Thommen, J.*, Human Resources, 2014, S. 194.

Weiterentwicklung im Beruf bedeutet für die Mitarbeiter, sich mit neuen Anforderungen auseinander zu setzen. Dies verhindert die Unterforderung am Arbeitsplatz und die daraus folgende Demotivation.[133]

**Aufstieg**

Der Aufstieg bietet dem Mitarbeiter eine Vielzahl von Vorteilen. Dazu zählen mehr Kompetenz, Entscheidungsfreiheit und Einfluss innerhalb des Unternehmens. Darüber hinaus erhält der Beförderte mehr Gehalt, Anerkennung und Selbstständigkeit. Der Aufstieg hat aber nicht für jeden Angestellten einen Anreizcharakter, da die Führungsposition auch mit Nachteilen verbunden ist. Neben dem Anstieg der Arbeitszeit sind damit auch Veränderungen im beruflichen Umfeld verbunden. Dazu kann der Wechsel in ein anderes Teams zählen.[134]

Ob der Aufstieg einen Anreiz darstellt, hängt von den Bedürfnissen und den Motiven des Mitarbeiters ab. Mit zunehmendem Alter und in Abhängigkeit der Lebensumstände verzichten viele potenzielle Kandidaten auf eine Führungsposition. Sogar ein Abstieg auf eine weniger gut bezahlte Position wird zunehmend gewünscht. Die Ursachen dafür können auf Krankheit, veränderte Familienbedingungen oder der Wunsch nach mehr Freizeit zurückgeführt werden. Neuste wissenschaftliche Erkenntnisse weisen darauf hin, dass der Wunsch eine Führungsposition anzunehmen in den letzten Jahren deutlich nachgelassen hat.[135] Diese Umstände erschweren die Aufgabe, geeignete Führungskräfte von morgen auszubilden.[136]

### 4.2.6 Führungsstil

Dass der Vorgesetzte in der Lage ist durch sein Verhalten die Leistungsbereitschaft und Zufriedenheit seiner Mitarbeiter zu beeinflussen wurde wissenschaftlich nachgewiesen. Folglich ist die Motivation eines Angestellten von dem Führungsstil seines Vorgesetzten abhängig. Dies bedeutet jedoch nicht, dass ein bestimmter Führungsstil existiert, um die maximale Leistungsbereitschaft und Zufriedenheit der Beschäftigten zu erzielen.[137]

Es besteht eine Vielzahl von Führungsstilen, die angewendet werden können, um einer Gruppe die notwendigen Weisungen zu erteilen. Wie viel Entschei-

---

[133] Vgl. *Nerdinger, F.*, Motivation von Mitarbeitern, 2003, S. 21 f.
[134] Vgl. *von Rosenstiel, L.*, Motivation im Betrieb, 2010, S. 219.
[135] Vgl. *Holtbrügge, D.*, Personalmanagement, 2015, S. 150.
[136] Vgl. *Nerdinger, F.*, Motivation von Mitarbeitern, 2003, S. 22.
[137] Vgl. *von Rosenstiel, L.*, Motivation im Betrieb, 2010, S. 127.

dungsfreiräume dem Vorgesetzten oder dem Angestellten in der jeweiligen Art zu führen zur Verfügung stehen, zeigt das Führungsstilkontinuum nach Tannenbaum und Schmidt, die sieben verschiedene Führungsstile wie folgt typisieren:[138]

1. Autoritär: Der Vorgesetzte besitzt die alleinige Entscheidungsmacht und delegiert seine Mitarbeiter.
2. Patriarchalisch: Bevor die Führungskraft eine Entscheidung fällt, versucht sie die Angestellten von dieser zu überzeugen.
3. Informierend: Um mehr Akzeptanz für seine getroffene Entscheidung zu erhalten, lässt der Vorgesetzte bei diesem Führungsstil Fragen seitens seiner Untergebenen zu.
4. Beratend: Der Vorgesetzte bezieht bei seiner Entscheidung die Meinung seiner Angestellten mit ein.
5. Kooperativ: Der Vorgesetzte lässt die Angestellten die Lösung für eine Aufgabenstellung erarbeiten und entscheidet sich dann für den besten Vorschlag.
6. Delegativ: Der Vorgesetzte gewährleistet der Gruppe einen Handlungsrahmen, in dem die Gruppe eigene Entscheidungen zu einer gegebenen Aufgabe treffen kann.
7. Autonom: Die Mitarbeiter haben freien Entscheidungsspielraum. Der Vorgesetzte koordiniert und kommuniziert die Entscheidung der Gruppe sowohl nach innen als auch außen.

Die Wahl des „richtigen" Führungsstils um eine Gruppe zu motivieren, ist von verschiedenen Faktoren abhängig. Auf der einen Seite ist zu beachten, welche Organisationsstruktur gegeben ist und welche Aufgabe der Vorgesetzte mit Hilfe seiner Angestellten zu lösen hat. Auf der anderen Seite sollte berücksichtigt werden, welche Charaktereigenschaften die Führungskraft und seine Mitarbeiter besitzen und wie die Fähigkeiten in Bezug auf die zu lösende Aufgabe einzuschätzen sind. Daher sollte der Führungsstil den persönlichen Umständen der Mitarbeiter und der gegebenen Unternehmensstruktur situationsbedingt angepasst werden.[139]

---

[138] Vgl. *Weibler, J.*, Personalführung, 2016, S. 315.

[139] Vgl. *Wöhe, G. et al.*, Betriebswirtschaftslehre, 2016, S. 149.

# 5 Möglichkeiten und Grenzen der Mitarbeitermotivation durch Anreizsysteme

In Kapitel vier wurden die verschiedenen Formen von Anreizen vorgestellt, die zur Steigerung der Mitarbeitermotivation beitragen können. Die Aufgabe der Unternehmensführung besteht darin durch eine Kombination der unterschiedlichen Anreize ein Anreizsystem zu entwickeln, welches sowohl auf die Bedürfnisse der Mitarbeiter als auch die spezielle Situation des Unternehmens abgestimmt ist. Um aufzeigen zu können, welche Möglichkeiten und Grenzen der Unternehmensführung bei der Entwicklung eines Anreizsystems gegeben sind, ist es notwendig die Wirkungsweise betrieblicher Anreizsysteme zu verstehen.[140]

Wie anhand der Zielsetzungstheorie von Locke in Kapitel 3.2.2 bereits deutlich gemacht, verfolgen Menschen unterschiedliche Ziele. Demzufolge wird ein Anreizmittel bei jedem Mitarbeiter unterschiedliche Wirkung in Intensität und Dauer zeigen. Während ein Familienvater mehr Wert auf finanzielle Sicherheit legt, um seine Familie zu versorgen, wird ein Berufsstarter die Möglichkeit der Weiterentwicklung und des Aufstiegs bevorzugen. Bei der Gestaltung eines Anreizsystems besteht einerseits die Schwierigkeit für die Unternehmensführung darin, solche Anreize zu wählen, die möglichst lange und intensiv zur Mitarbeitermotivation beitragen können. Andererseits sollten die Kosten eines solchen Anreizsystems so gering wie möglich gehalten werden.[141]

Die in Kapitel 3.1.4 erläuterte Zwei-Faktoren-Theorie von Herzberg hat zu einem Wandel in der Lehre der Mitarbeitermotivation beigetragen. Durch Herzbergs Unterscheidung zwischen Motivatoren und Hygienefaktoren ist der Managementebene aufgezeigt worden, dass Mitarbeiter nicht nur durch monetäre Anreize sondern auch nicht-monetäre Anreize motiviert werden können.[142]

Dieser Zusammenhang soll in folgenden Kapiteln 5.1 und Kapitel 5.2 verdeutlicht werden, indem die Möglichkeiten und Grenzen von Anreizsystemen aufgezeigt werden.

## 5.1 Monetäre Anreizsysteme

Ein bedeutender Bestandteil von betrieblichen Anreizsystemen besteht aus den monetären Anreizen. Wie bereits anhand der Bedürfnistheorie von Maslow auf-

---

[140] Vgl. *Wickel-Kirsch, S. et al.*, Personalwirtschaft, 2008, S. 179 f.
[141] Vgl. *Wickel-Kirsch, S. et al.*, Personalwirtschaft, 2008, S. 180 f.
[142] Vgl. *Steinmann, H. et al.*, Management, 2013, S. 512.

gezeigt, wird die Motivation von Menschen durch ihre Bedürfnisse beeinflusst. Viele dieser Bedürfnisse, die in der heutigen Gesellschaft von Bedeutung sind, werden mit Hilfe von finanziellen Mitteln befriedigt. Dieser Umstand hat es ermöglicht, monetäre Anreize zur Steigerung der Leistungsbereitschaft von Mitarbeitern einzusetzen.

Monetäre Anreize tragen nur unter bestimmten Voraussetzungen zur Mitarbeitermotivation bei. Nach Maslows Theorie verliert das Gehalt als Anreizmittel an Bedeutung, wenn die Grundbedürfnisse eines Mitarbeiters durch eine angemessene Entlohnung bereits befriedigt sind. Ähnliche Rückschlüsse lassen sich aus der Zwei-Faktoren-Theorie von Herzberg ableiten. Denn wertet der Mitarbeiter sein Gehalt als Hygienefaktor, bewirkt das Gehalt nach Herzbergs Auffassung lediglich, dass keine Unzufriedenheit entsteht. Eine Gehaltserhöhung kann aber zum Motivator werden, der die Leistungsbereitschaft eines Mitarbeiters erhöht, wenn dieser seine Grundbedürfnisse mit seinem aktuellen Gehalt nicht mehr befriedigen kann.[143] Dies lässt schlussfolgern, dass Gehalt allein keine dauerhafte Leistungssteigerung von Mitarbeitern bewirken kann.

Verbindet die Unternehmensführung allerdings das Gehalt mit einer zusätzlichen leistungsorientierten Bonuszahlung, kann diese unter bestimmten Voraussetzungen die Motivation des Mitarbeiters steigern. In der Praxis erfolgen diese Bonuszahlungen meist in Form eines variablen Zusatzlohnes oder anhand von Erfolgs- und Kapitalbeteiligungen.[144]

Die Voraussetzungen einer leistungsorientierten Vergütung können aus der Zielsetzungstheorie von Locke hergeleitet werden, die in Kapitel 3.2.2 erläutert wurde. Diese besagt, dass die Motivation eines Mitarbeiters durch das Setzen von Zielen und einem regelmäßigen Feedback über den Zielerreichungsgrad gesteigert werden kann.

Demzufolge ist mit dem Mitarbeiter ein Ziel zu vereinbaren, für dessen Erreichung er eine zusätzliche Entlohnung erhält. Bei der Zielvereinbarung ist zu beachten, dass der Mitarbeiter die Belohnung und die zu erbringenden Leistung zur Zielerreichung als gerecht empfindet. Ferner ist zu beachten dass, die Zeitspanne zwischen Zielerreichung und der tatsächlichen Entlohnung in einem an-

---

[143] Vgl. *Kaschube, J. / von Rosenstiel, L.*, Motivation von Führungskräften, 2000, S 71.

[144] Vgl. *Frey, B. / Osterloh, M.*, Pay for Performance, 2000, S. 69.

gemessenen Verhältnis steht. Darüber hinaus sollte der Zielerreichungsgrad jederzeit nachvollziehbar für den Mitarbeiter sein.[145]

Die in Kapitel 4.1.2 vorgestellten freiwilligen betrieblichen Sozialleistungen bieten wenige Möglichkeiten die Leistung der Mitarbeiter auf direktem Weg zu beeinflussen, da ihre Vergütung nicht an ein vorgegebenes Ziel gebunden ist. Allerdings tragen die betrieblichen Sozialleistungen als Hygienefaktoren nach Herzberg dazu bei Unzufriedenheit zu verhindern. Dies beeinflusst die Leistungsbereitschaft von Mitarbeitern auf indirektem Wege, da davon auszugehen ist, dass unzufriedene Mitarbeiter nicht bereit sind Mehrleistung zu erbringen.[146]

Kritiker gehen von der Annahme aus, dass monetäre Anreize die intrinsische Motivation, das heißt eine Tätigkeit auszuüben, weil sie Freude bereitet, zerstören kann. Das in Kapitel 2.4.4 aufgeführte Beispiel eines Grundschulkindes bestätigt diese Meinung. Andere Forschungsergebnisse belegen aber, dass finanzielle Anreize die intrinsische Motivation nicht verdrängen, sofern eindeutig definiert wird, für welche Leistung ein Mitarbeiter die entsprechende Zusatzvergütung erhält. Folglich ist eine allgemein gültige Aussage über diesen Verdrängungseffekt nicht möglich.[147]

Festzuhalten bleibt, dass monetäre Anreize die Möglichkeit bieten die Leistungsbereitschaft eines Mitarbeiters zu steigern. Die Qualität der erbrachten Arbeitsleistung kann durch sie allerdings nicht beeinflusst werden.[148]

## 5.2 Nicht - monetäre Anreizsysteme

Nicht alle Bedürfnisse eines Menschen können durch monetäre Anreize erfüllt werden. Wie bereits in Kapitel 3.1.2 anhand der ERG-Theorie von Alderfer aufgezeigt, streben Menschen neben der Absicherung der Grundbedürfnisse auch die Befriedigung der sozialen Bedürfnisse und der Wachstumsbedürfnisse an. Durch den Einsatz von nicht- monetären Anreizen ist die Unternehmensführung in der Lage auch diese Bedürfnisse als Mittel zur Steigerung der Mitarbeitermotivation zu nutzen.

Besonders bei dem Einsatz von nicht-monetären Anreizen ist zu beachten, dass jeder Mitarbeiter von unterschiedlichen Motiven geleitet wird. Durch seine individuelle Persönlichkeit erzielen Anreize nicht bei jedem Mitarbeiter die gleiche

---

[145] Vgl. *Nerdinger, F.*, Motivation von Mitarbeitern, 2003, S. 31.
[146] Vgl. *von Rosenstiel, L. / Nerdinger, F.*, Organisationspsychologie, 2011, S. 87 f.
[147] Vgl. *Kaschube, J. / von Rosenstiel, L.*, Motivation von Führungskräften, 2000, S. 72.
[148] Vgl. *Nerdinger, F.*, Motivation von Mitarbeitern, 2003, S. 29.

Wirkung. Ziel der Personalpolitik sollte es daher sein, nicht die Motivstruktur eines Mitarbeiters zu verändern, sondern bei der Gestaltung von Anreizsystemen auf die vielfältigen Motive der Mitarbeiter einzugehen.[149]

Eine weitere wichtige Erkenntnis für die Unternehmensführung, welche sich aus der Zwei-Faktoren-Theorie von Herberg ableiten lässt, ist der Einfluss auf die Mitarbeitermotivation durch Unzufriedenheit am Arbeitsplatz. Unzufriedene Mitarbeiter sind nicht zu motivieren. Ein Anreizsystem sollte daher auch Komponenten beinhalten, die diesen Umstand verhindern. Dies kann, wie bereits in Kapitel 3.1.4 erläutert, mittels der sogenannten Hygienefaktoren erreicht werden. Zu den Hygienefaktoren zählen die in Kapitel 4.2.1 bis 4.2.3 ausführlich beschriebenen Anreizmittel Betriebsklima, Arbeitsplatzgestaltung und Arbeitszeitmanagement. Dieser Umstand allein, Unzufriedenheit zu verhindern, reicht jedoch nicht aus, um die Leistungsbereitschaft der Mitarbeiter zu erhöhen. Dies kann aber durch die Motivatoren aus Herzbergs Theorie erreicht werden, mittels derer die Zufriedenheit der Angestellten bewirkt werden kann. Zu den Motivatoren zählen die in Kapitel 4.2.4 bis 4.2.6 aufgeführten Anreize Arbeitsinhalte, Weiterbildung und Aufstieg sowie der Führungsstil eines Vorgesetzten.[150]

Der Unternehmensführung steht nun eine Vielzahl von nicht-monetären Mitteln zur Gestaltung von Anreizsystemen zur Verfügung, welche die Möglichkeiten zur Gestaltung eines flexiblen Anreizsystems bieten. Die individuellen Bedürfnisse eines jeden Mitarbeiters und die gegebenen Umstände in einem Unternehmen sowie begrenzte Mittel setzen der Personalpolitik allerdings Grenzen bei der Umsetzung eines solchen Systems.

Letztendlich muss jedes Unternehmen ein Anreizsystem entsprechend seiner individuellen Anforderungen und der ihm zur Verfügung stehenden Mittel gestalten. Um die gewünschte Wirkung erzielen zu können und eine große Bandbreite von Bedürfnissen zu befriedigen, sollten die folgenden Aspekte bei der Entwicklung von Anreizsystemen nicht außer Acht gelassen werden:[151]

- **Leistungsorientierung:** Ein Anreizsystem sollte so gestaltet sein, dass den Mitarbeitern die Möglichkeit gegeben wird aufgrund ihrer Leistung ein höheres Einkommen zu erzielen.

---

[149] Vgl. *von Rosenstiel, L.*, Motivation im Betrieb, 2010, S. 33.
[150] Vgl. *Stock-Homburg, R.*, Personalmanagement, 2013, S. 77.
[151] Vgl. *Wickel-Kirsch, S. et al.*, Personalwirtschaft, 2008, S. 181 f.

- **Gerechtigkeit:** Jedes Anreizmittel, dass zur Leistungssteigerung eingesetzt wird, sollte die Fähigkeiten und das Wissen eines Mitarbeiters in Bezug auf seine ausgeübte Tätigkeit berücksichtigen. Der unterschiedliche Beitrag eines jeden Angestellten zum Erfolg des Unternehmens sollte angemessen entlohnt werden.
- **Transparenz:** Ein Anreizsystem sollte so gestaltet sein, dass die Mitarbeiter ihre vorgegebenen Ziele verstehen und ihren Zielerreichungsgrad jederzeit überprüfen können.
- **Integration:** Die eingesetzten Anreizmittel sollten auf die Unternehmenskultur und das vorherrschende Führungssystem abgestimmt sein.
- **Individualisierung:** Ein flexibel gestaltetes Anreizsystem sollte im Rahmen der gegebenen Möglichkeiten auf die individuellen Ziele und Bedürfnisse der Mitarbeiter abgestimmt sein.
- **Wirtschaftlichkeit:** Das Verhältnis zwischen Kosten und Nutzen eines Anreizsystems für einen Betrieb sollte entsprechend der zur Verfügung stehenden finanziellen Mittel ausgeglichen sein.
- **Effektivität:** Die Entwicklung des Anreizsystems sollte die gewünschte Wirkung auf die Motivation der Mitarbeiter berücksichtigen.

# 6 Fazit / Ausblick

**Fazit**

Zielsetzung der vorliegenden Arbeit war die Frage zu beantworten, wie ein Anreizsystem gestaltet sein sollte, um Mitarbeiter zu Höchstleistungen anspornen zu können. Wie die Untersuchungen der Arbeit gezeigt haben, ist die Persönlichkeit eines Menschen sehr individuell. Auch die zu befriedigenden Bedürfnisse variieren von Person zu Person. Dies führt letztendlich dazu, dass Mitarbeiter sehr unterschiedliche Ziele verfolgen. An dieser Stelle schließt das zur Einleitung angebrachte Zitat der Arbeit an:

„Wer den Hafen nicht kennt, in den er segeln will, für den ist kein Wind der richtige".[152]

Aus diesem Zitat kann abgeleitet werden, dass es von Bedeutung ist, die Ziele seiner Mitarbeiter zu kennen. Daraus ergibt sich für die Personalführung die Herausforderung ein Anreizsystem zu entwickeln, welches sowohl die individuellen Bedürfnisse der Angestellten als auch die Ziele des Unternehmens berücksichtigt. Die Lösung dieser Aufgabe besteht in der Gestaltung eines flexiblen Anreizsystems, indem die monetären und nicht-monetären Anreize miteinander kombiniert werden. Dabei sollten aber die Kosten einer solchen Entwicklung den Nutzen für die Unternehmen nicht übersteigen. Daraus ergibt sich die Problematik, dass die zur Verfügung stehenden Mittel begrenzt sind. Ferner werden der Personalpolitik durch die individuellen Bedürfnisse eines jeden Mitarbeiters und der Unternehmensstruktur Grenzen in der Gestaltung von Anreizsystemen gesetzt. Eine allgemein gültige Antwort auf die Frage nach dem „idealen Anreizsystem" ist daher nicht möglich. Wie allerdings die Untersuchungen von Herzberg in seiner Zwei-Faktoren-Theorie gezeigt haben, besteht der erste Schritt zur Motivation von Mitarbeitern darin, Unzufriedenheit zu vermeiden. Daraus ist zu schlussfolgern, dass Präventivmaßnahmen gegen Demotivation mehr Bereitschaft zur Leistungssteigerung bewirken können, als der Einsatz von monetären Mitteln allein. Auch Maslow kommt bei seinen Untersuchungen zu dem Ergebnis, dass monetäre Anreize nur über einen kurzen Zeitraum die Motivation eines Angestellten steigern können. Abschließend lässt sich dazu sagen, dass der Fokus auf die Zufriedenheit der Mitarbeiter gelegt werden sollte, da dann u. a. die Bereitschaft zu Mehrarbeit gegeben ist.

---

[152] *Bürckle, H.*, Aktive Karrierestrategie, 2013, S. 113.

**Ausblick**

Aus diesem Sachverhalt stellt sich die Frage, wie die Zufriedenheit von Mitarbeitern zu gewährleisten ist. In diesem Zusammenhang wäre es lohnenswert, näher auf die Rolle der Führungskraft einzugehen. Wie bereits in Kapitel 4.2.6 dargestellt, ist die Zufriedenheit und somit die Leistungsbereitschaft eines Angestellten im Wesentlichen von dem Führungsstil eines Vorgesetzten abhängig. Das ist u. a. damit zu erklären, dass Führungskräfte aufgrund ihrer unmittelbaren Nähe zu den Angestellten besser in der Lage sind, deren Bedürfnisse und Ziele zu erkennen und darauf einzugehen.

Der Ausgangspunkt zur Motivation von Mitarbeitern sollte daher nicht sein, ihre Bedürfnisse und Ziele durch Anreizmittel zu manipulieren. Vielmehr sollte die individuelle Persönlichkeit eines Angestellten akzeptiert werden und dessen Tätigkeit seinen Bedürfnissen und Zielen angepasst werden. Eben diesen Grundgedanken machten sich J.G. Geier und D. Downey zu Nutzen und entwickelten das sogenannte „DISG-Persönlichkeitsprofil". DISG steht dabei für die vier Persönlichkeitstypen Dominant, Initiativ, Stetig und Gewissenhaft. Die Basis dieses Modells ist, dass die Verhaltensmuster eines Menschen eine dieser vier Gruppen, unterteilt nach introvertierter oder extrovertierter Persönlichkeit, zuzuordnen sind.[153] Aus diesem Modell ergibt sich ein neuer Führungsansatz, der sich „Führen mit dem DISG-Persönlichkeitsprofil" nennt. Dieser Ansatz unterstützt die bereits genannte Idee, nicht den Mitarbeiter zu ändern, sondern das Führungsverhalten an diese vier Kategorien von Persönlichkeiten anzupassen, um die Leistungsbereitschaft zu steigern.[154]

Das Personalmanagement sollte daher künftig den Schwerpunkt auf die Ausbildung von Führungskräften legen, damit deren Führungsverhalten verbessert werden kann. Durch die Übernahme von neuen Sichtweisen ergibt sich für die Zukunft ein weiteres effizientes Instrument zur Steigerung der Mitarbeitermotivation.

---

[153] Vgl. *Sattler, S. et-al*, Führen, 2011, S. 94.
[154] Vgl. *Dauth, G.*, Führen mit DISG, 2015, S. 7.

# 7 Literaturverzeichnis

Bücher

**Bröckermann, Reiner. 2016.** *Personalwirtschaft - Lehr- und Übungsbuch für Human Resource Management.* 7. Auflage Stuttgart : Schäffer-Poeschel, 2016.

**Bühner, Rolf. 2005.** *Personalmanagement.* 3. Auflage München : Oldenbourg Wirtschaftsverlag, 2005.

**Bürkle, Hans. 2013.** *Aktive Karrierestrategie - Erfolgsmanagement in eigener Sache.* 4. Auflage Wiesbaden : Springer Gabler, 2013.

**Dauth, Georg. 2015.** *Führen mit dem DISG-Persönlichkeitsprofil.* 3. Auflage Offenbach : Gabal, 2015.

**Gemür, Makus und Thommen, Jean-Paul. 2014.** *Human Resource Management - Strategien und Instrumente für Führungskräfte und das Personalmanagement.* 4. Auflage Zürich : Versus, 2014.

**Haberkorn, Kurt. 2002.** *Praxis der Mitarbeitarbeiterführung.* 10. Auflage Renningen-Malmsheim : Expert, 2002.

**Hagenloch, Thorsten. 2009.** *Einführung in die Betriebswirtschaftslehre - Theoretische Grundlagen und Managementlehre.* Norderstedt : Books on Demand, 2009.

**Heckhauesn, Heinz und Heckhausen, Jutta. 2010.** *Motivation und Handeln.* 4. Auflage Berlin Heidelberg 2010 : Springer, 2010.

**Hentze, Joachim und Graf, Andrea. 2005.** *Personalwirtschaftslehre - Teil 2.* 7. Auflage Stuttgart : UTB, 2005.

**Holtbrügge, Dirk. 2015.** *Personalmanagement.* 6. Auflage Berlin Heidelberg : Springer-Gabler, 2015.

**Hub, Hanns. 1990.** *Unternehmensführung - Praxisorientierte Darstellung.* 3. Auflage Wiesbaden : Gabler, 1990.

**Kirchler, Erich und Rodler, Christa. 2001.** *Motivation in Organisationen - Arbeits- und Organisationspsychologie 1.* Wien : Facultas, 2001.

**Kolb, Meinulf. 2010.** *Personalmanagement - Grundlagen und Praxis des Human Resources Managements.* 2. Auflage Wiesbaden : Gabler Springer, 2010.

**Laufer, Hartmut. 2015.** *Praxis erfolgreicher Mitarbeitermotivation - Techniken, Instrumente, Arbeitshilfen.* 2. Auflage Offenbach : Gabal, 2015.

**Lindner-Lohmann, Doris, Lohmann, Florian und Schirmer, Uwe. 2016.** *Personalmanagement.* 3. Auflage Berlin Heidelberg : Springer Gabler, 2016.

**Loffing, Dina und Loffing, Christian. 2010.** *Mitarbeiterbindung ist lernbar - Praxiswissen für Führungskräfte in Gesundheitsfachberufen.* Berlin Heidelberg : Springer, 2010.

**Nerdinger, Friedemann W. 2003.** *Motivation von Mitarbeitern.* Göttingen : Hogrefe, 2003.

—. **2013.** *Arbeitsmotivation und Arbeitshandeln - Eine Einführung.* Kröning : Asanger, 2013.

**Nerdinger, Friedmann W., Blickle, Gerhard und Schaper, Niclas. 2014.** *Arbeits- und Organisationspsychologie.* 3. Auflage Berlin Heidelberg : Springer , 2014.

**Niermeyer, Rainer. 2007.** *Motivation - Instrumente zur Führung und Verführung.* 2. Auflage Freiburg/Berlin/München : Haufe, 2007.

**Oechsler, Walter A. und Paul, Chrsitopher. 2015.** *Personal und Arbeit: Einführung in das Personalmanagement.* 10. Auflage München/Berrlin/Boston : Walter de Gruyter , 2015.

**Rheinberg, Falko und Vollmeyer, Regina. 2012.** *Motivation - Grundriss der Psychologie Band 6.* 8. Auflage Stuttgart : Kohlhammer, 2012.

**von Rosenstiel, Lutz. 2010.** *Motivation im Betrieb - Mit Fallstudien aus der Praxis.* 11. Auflage Leonberg : Rosenberg, 2010.

**von Rosenstiel, Lutz und Friedemann W., Nerdinger . 2011.** *Grundlagen der Organisationspsychologie - Basiswissen und Anwendungshinweise.* 7. Auflage Stuttgart : Schäffer-Poeschel, 2011.

**Rudolph, Udo. 2013.** *Motivationspsychologie kompakt.* 3. Auflage Basel : Beltz, 2013.

**Sattler, Johannes, et al. 2011.** *Führen - Die erfolgreichsten Techniken und Instrumente.* 2. Auflage Freiburg : Haufe, 2011.